제주 동쪽

구좌읍 남원읍 성산읍
우도면 조천읍 표선면

대한민국 도슨트
한국의 땅과 사람에
관한 이야기

08

제주 동쪽

구좌읍
남원읍
성산읍
우도면
조천읍
표선면

한진오 지음

21세기북스

구좌읍 평대리해변

차례

제주 동쪽 지도

신흥리해변 육지를 내다보는 마을 ── 22

조천포구 제주 동쪽의 관문 ── 21

13

16

7

함덕리

김녕리

함덕리 최고의 해수욕장과 독립운동의 역사를 간직한 땅

선흘리 곶자왈 람사르습지로 지정된 동백동산 ── 8

조천읍

제주시

선흘리

12

가시리

성읍리

6

표선면

남원읍

14

24

서귀포시

한라산

23

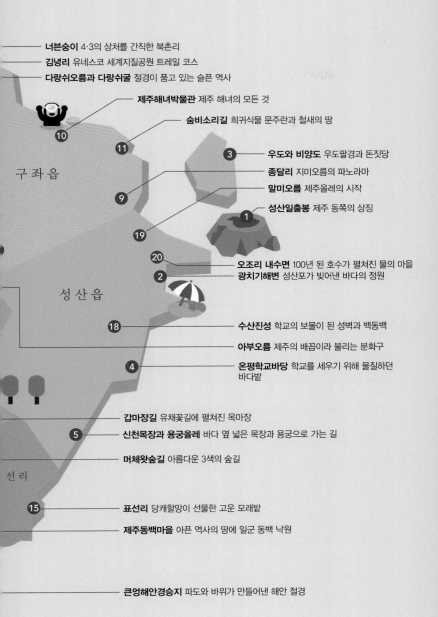

———— **너븐숭이** 4·3의 상처를 간직한 북촌리

———— **김녕리** 유네스코 세계지질공원 트레일 코스

———— **다랑쉬오름과 다랑쉬굴** 절경이 품고 있는 슬픈 역사

——— **제주해녀박물관** 제주 해녀의 모든 것

——— **숨비소리길** 희귀식물 문주란과 철새의 땅

⑩

⑪   ③ ——— **우도와 비양도** 우도팔경과 돈짓당

구 좌 읍   ——— **종달리** 지미오름의 파노라마

                      ——— **말미오름** 제주올레의 시작

⑨

                      ① ——— **성산일출봉** 제주 동쪽의 상징

⑲

⑳ ——— **오조리 내수면** 100년 된 호수가 펼쳐진 물의 마을

② ——— **광치기해변** 성산포가 빚어낸 바다의 정원

성 산 읍

⑱ ——— **수산진성** 학교의 보물이 된 성벽과 백동백

  ——— **아부오름** 제주의 배꼽이라 불리는 분화구

④ ——— **온평학교바당** 학교를 세우기 위해 물질하던
         바다밭

———— **갑마장길** 유채꽃길에 펼쳐진 목마장

⑤ ——— **신천목장과 용궁올레** 바다 옆 넓은 목장과 용궁으로 가는 길

———— **머체왓숲길** 아름다운 3색의 숲길

선 리

⑮ ——— **표선리** 당캐할망이 선물한 고운 모래밭

———— **제주동백마을** 아픈 역사의 땅에 일군 동백 낙원

———— **큰엉해안경승지** 파도와 바위가 만들어낸 해안 절경

나는 섬에서 태어났다. 태평양 서북단의 이 섬을 떠나서 살아
본 적이 없다. 나를 구성하는 화학식의 절반은 바람, 그 나머
지는 파도가 차지할 것이다. 내 몸과 영혼에 대해 이런 자각이
생긴 것은 머리가 굵은 20대 후반의 일이었다. 대학 시절부터
탈춤과 풍물에 빠진 채 봇짐장수라도 된 것처럼 전국을 헤집
고 다니며 명인들에게 전수 받던 시절이었다. 수많은 스승들
로부터 기예를 배우던 와중에 몇몇 어르신에게 이런 말을 들
었다. "제주도는 민속의 고장인데 왜 제 것을 놔두고 남의 것
을 배우느냐?"라는 질문이었다. 사실 제주는 풍토와 문화가
뭍과 사뭇 달라서 청춘 시절의 나를 사로잡았던 탈춤도 풍물
도 애초에 존재하지 않던 지역이었다. 4·3을 비롯한 제주의

역사는 관심이 깊었지만 전통연희라 할만한 게 없다시피 해서 살펴보지 않았는데 어르신들은 뭘 찾으라고 했을까?

눈에 불을 켜고 귀를 쫑긋 세워 섬을 되돌아봤다. 그리고 내 인생의 나머지 시간을 결정한 엄청난 보물을 발견했다. 다름 아닌 굿이었다. 어려서부터 줄곧 봐왔던 굿이 여전히 왕성한 생명력을 지니고 있었다. 개명된 시대에 굿이라니? 변방의 섬이라서 문명화가 더딘 것이었을까? 이런저런 생각을 하며 조심스레 굿판에 들어섰다. 그리고 내가 틀렸다는 걸 금세 깨달았다. 내가 찾았던 전통연희는 물론 제주의 모든 것이 굿판의 신명 속에 담겨 있었다. 근래에 대단한 인기몰이를 하는 한국신화의 발원지가 제주의 굿판이었고, 무엇보다 기록되지 않아서 묻혀만 있던 제주의 역사도 굿판에서 입에서 입으로 전해오고 있었다. 그날부터 나는 신병에라도 걸린 사람처럼 굿판을 찾아 헤맸다. 무당은 아니었지만 굿을 배웠고, 그 원리와 배경이 궁금해 30대 후반의 나이에 대학원에 진학해 민속학을 전공했다. 그렇게 20년 넘게 굿판을 전전하는 동안 제주의 민속문화와 역사의 진면목과 만났다.

굿을 중심으로 제주를 공부하는 한편 문단의 말석에 무임승차한 무명작가라는 타이틀을 놓치지 않으려고 창작의 밑천이 될 만한 이야기를 있는 대로 긁어모았다. 연구와 창작을 병행하면서 제주섬 곳곳 안 다닌 데가 없는데 그중에서도 신발 뒤축이 닳도록 가장 많이 드나든 곳이 성산이다. '성산'이라는 타이틀로 글 무리가 엮인 이 책에는 사실 조천읍, 구좌읍, 우도면, 성산읍, 표선면, 남원읍을 아우르는 지역이 등장한다. 이 지역들은 제주의 동쪽에 해당되는데 제주 사람들은 한라산을 기준점 삼아 서부 지역은 서촌, 동부 지역은 동촌이라고 불러왔다. 근대적 행정권으로는 한라산 남북의 서귀포시와 제주시의 두 권역으로 나뉘지만 풍토, 생업, 언어 등 문화권의 측면에서는 동과 서로 구분해온 오랜 전통이 있었다. 성산이 속한 동촌은 제주의 상징 중 하나로 대표되는 해녀가 가장 많은 지역이다. 생과 사의 경계를 오가며 물질을 하는 노동의 특성상 해녀들은 너 나 할 것 없이 초자연적인 힘에 기대어 무사 안녕을 꾀했다. 그들이 제주의 굿을 오랫동안 지켜온 주역들이었으니 굿판에 홀린 나로서는 성산을 제집처럼 드나들 수밖에 없었다. 출판사에서 내게 이 책의 집필을 제안하며 제주를 몇 개의 권역으로 나눠 여러 권의 책을 출판할 계획이니 한 지역을 선택하라고 했을 때 주저하지 않고 성산을 택한 것도 이런 사정 때문이다.

　무시로 드나들며 오름과 숲과 바다와 모래땅과 돌밭을 만나면서 성산의 자연과 성산 사람들의 삶을 엿보던 긴긴 여행의 갈무리 중 하나를 이번 기회를 빌려 차곡차곡 정리할 수 있게 되어서 깊은 고마움을 느낀다. 더불어 단지 이국적인 풍경만을 즐기려고 제주를 찾는 여행자들에게 이 섬의 깊숙한 속살을 살펴보는 계기를 제공할 수 있게 된 것에 감사한다. 무엇보다 수천 년 동안 이 섬에 붙박여 오늘날의 제주를 있게 한 나의 선조들은 물론 같은 시간대에 함께 사는 토박이들에게 감사한 마음이 적이 크다. 이들이 아니었으면 설화 속 제주도의 창조주 설문대 여신께서 태초에 세운 뜻이 지켜졌겠는가. 설문대할망께선 아득한 옛날 신화의 시대에 물 가운데 섬 하나 섬 가운데 산 하나를 지으셨다. 그리하여 부족함도 넘쳐남도 없는 이 섬이 영원토록 아름다움을 잃지 말기를 섬사람들에게 당부하셨다. 성산의 상징 일출봉의 중턱에는 여신 설문대가 등잔불을 밝혔다는 전설의 등경돌이 높다란 바위기둥으로 우뚝 서 있다. 모진 풍파에도 굴하지 않고 억겁의 시간을 버텨온 저 바위가 바로 성산 사람이다.

성산일출봉 등경돌 아래에서

한진오

설문대할망상

아름다움 너머에
애틋한 사연 품은
성산

제주는 뭍과 동떨어진 섬이다. 또한 제주는 언어와 문화가 사 뭇 다르고 풍토와 자연경관도 뭍과 차이를 보여 종종 이국적 인 섬이라고 불린다. 제주를 찾았던 적이 없거나 정보가 부족 한 사람들은 섬 크기를 놓고 서울보다 면적이 크다 작다 견주 기도 한다. 7~80년대까지만 해도 한라산 꼭대기에서 공을 차 면 바다에 떨어진다는 농담이 유행했을 정도로 뭍사람들은 제 주의 크기를 제대로 알지 못했다. 여기서 말하는 크기는 면적 만을 이야기하는 것이 아니다. 서울이 제주보다 면적이 작다 고 해도 유사 이래 한반도의 중심 도시로 성장하며 역사·문화 적 자원은 단연 우리나라 최고의 도시가 아닌가.

뭍사람들의 인식과 다르게 제주는 복잡하고 다양한 풍토와 문화를 지니고 있다. 동과 서가 다르고 산촌과 해촌이 다르다. 어느 곳에 돌이 지천이라면 다른 어떤 곳에서는 매우 귀하기도 하다. '성산'이라는 타이틀로 묶어놓은 조천읍, 구좌읍, 우도면, 성산읍, 표선면, 남원읍 또한 비슷하면서도 제각각 특징과 개성 있는 마을들이 가득하다.

　세상 어느 곳이든 문화의 경계는 대부분 지리 환경에 의해 결정된다. 뭍과 떨어진 작은 섬 제주가 다양한 문화를 지니게 된 지리적 요인 중 으뜸은 한라산이다. 한라산은 그 자체가 제주의 전부라고도 볼 수 있다. 바다로 이어지는 높다란 산기슭에 많은 사람들이 자리 잡으며 한라산을 휘감아 도는 마을과 지역이 형성되었다. 한라산을 가운데 두고 에둘러가며 생겨난 마을들은 저마다 산 너머의 고장과는 다른 문화를 꽃피웠다. 한라산을 중심으로 동서남북 위치에 따라 남과 북은 산압산두(산 앞과 산 뒤)로 나뉘었고, 동과 서는 동촌과 서촌으로 나뉘게 되었다.

　한라산은 높기만 한 것이 아니라 화산답게 땅속으로도 깊은 산이다. 땅 아래 미로처럼 얽힌 동굴을 만들었고 지상으로도 깊고 얕은 골짜기를 만들어 곳곳에 하천이 생겨나게 했다. 많은 하천은 대다수가 평소에 물이 흐르지 않는 건천이었다.

이를 두고 제주 사람들은 내의 밑창이 훤히 드러나 보인다며 '내창'이라고 부른다. 그렇다고 내창이 언제나 메마른 바닥을 드러내는 것은 아니다. 전국 최고의 강우량을 자랑하는 섬이다 보니 여름철이면 한라산에 쏟아진 폭우가 지하로 스며들다 넘쳐서, 내창 가득 흘러넘쳐 도저한 범람을 일으키는 일이 보통이다. 이런 탓에 내창은 마을과 마을을 가르는 경계가 되었다. 내창 하나를 건너면 다른 마을이 나오고, 두세 개 이상을 건너뛰면 문화가 달라지고 더러는 풍토가 달라지기도 했다. 제주섬 곳곳의 문화와 관습이 달라지는 데에 충분한 조건을 제공한 것이다. 따라서 이 책에서 다루는 성산의 자연과 인문에 담긴 내력은 결코 제주의 전부가 아니며 한라산 너머엔 또 다른 문화와 경관이 펼쳐지고 있다는 사실을 잊지 말기를 당부한다.

제주의 동과 서를 가른 한라산

옛사람들에게 한라산은 단순히 거대한 산만이 아니었다. 1,950m 높이의 웅장한 크기가 주는 위엄 이상으로 신령하기 그지없는 성스러운 산이었다. 하여 한라산은 함부로 오르지 않았다. 가로질러 산 너머로 가는 일은 엄두조차 낼 수 없는 일이었다. 물론 기술이 부족한 탓에 한라산을 가로지르는 길을 낼 수 없기도 했다. 더욱이 자동차를 비롯한 운송 수단도 거의 없어서 넘나들기보다는 에둘러 돌아가는 것이 최선의 선택이 되었기 때문이다. 이러한 지리 조건 덕에 제주 사람들의 관습과 문화, 생활 방식 등은 크게 동과 서로 나뉘었다.

동촌과 서촌은 언어부터 풍토에 이르기까지 많은 차이를 보였다. 물론 자연스럽게 생긴 흐름일 뿐 행정 구역상 반듯하게 나눈 것은 아니어서 이 둘을 나누는 경계 지점에 대한 제주 사람들의 생각은 다소 불분명하다. 하지만 민속학, 인류학, 지질학 등의 분야 연구자들이 밝혀낸 바에 의하면 문화와 풍토의 경계는 또렷하게 파악된다. 제주시 쪽의 동서 경계는 조천읍 신촌리의 대섬이고 서귀포시 쪽의 경계는 도순동의 하천 도순천이다. 대섬을 지나면 동촌이 쭉 이어지며 도순천에 이르러 갈무리된다. 도순천 너머부터는 서촌이 이어져 다시 대섬까지 되돌아온다. 이 책에 등장하는 조천읍에서 남원읍에 이르는 지역들은 모두 동촌에 속한다.

동촌과 서촌이 보이는 차이의 영역은 다양하다. 먼저 자연환경을 놓고 볼 때 동촌은 오름이 많고 평지가 매우 적다. 이에 비해 서촌은 널따란 평야지대가 여러 곳 있다. 동촌은 평지가 적은 데다 돌이 매우 많아 농지가 부족하며 그나마도 돌밭이 대부분이다. 서촌에도 돌은 많지만 너른 평지를 지닌 마을

방목되는 한우 소를 치는 방식에도 제주 서촌과 동촌의 차이를 엿볼 수 있다. 서촌보다 농지가 부족한 동촌은 소의 식량을 따로 키울 밭을 내기 어려워 한라산 오름 지대에 소를 방목하여 길렀다.

들의 경우에는 오히려 돌이 귀한 곳도 있다. 풍토의 차이는 그곳에 사는 사람들로 하여금 제각기 환경에 적응하는 전략을 세우게 했다.

그중 대표적인 것이 소를 치는 방식이다. 서촌에 비해 농지가 부족한 동촌의 성산 일대에서는 곡식을 기를 땅 한 조각이 있으면 해풍에 날려 온 모래가 사막처럼 깔리는 곳이든 돌투성이인 곳이든 가리지 않고 밭을 일궜다. 워낙 박토인지라 사람의 힘만으로는 밭을 일구기 어려워서 필수적으로 소의 힘을 빌렸다. 사정이 이러하니 집마다 소를 키우려면 먹이로 쓸

촐(꼴)이 필요했다. 촐왓(꼴밭)을 만들어서 소의 식량을 마련해야 했지만 사람이 먹을 양식을 기르는 밭도 모자란 지경이어서, 마을에서 멀리 떨어진 한라산 중허리의 오름 지대에 방목하는 방법을 고안해냈다. 그런데 매일같이 소를 몰고 먼 곳까지 오르내리다 보니 많은 시간을 허비할 수밖에 없었다. 농사 시간 대부분을 빼앗기는 일이었다. 해서 동촌 사람들은 '테우리'라는 목자를 마을마다 따로 두는 문화를 만들어냈다. 테우리는 전문적으로 소를 치는 사람으로 마을의 소를 도맡아서 목초 지대로 몰고 다니며 관리했다. 이와 달리 농지가 풍부한 서촌에서는 촐왓을 따로 장만하고 집집이 소를 길렀다.

성산 일대의 동촌에서 소를 방목하는 일은 제주 특유의 무속신앙에도 영향을 끼쳤다. 한 사람의 테우리가 4~50마리를 방목하다 보면 종종 소가 다치거나 때때로 잃어버리는 일이 생겼다. 이럴 경우 다친 소의 회복을 빌거나 잃어버린 소를 되찾기 위해 신앙의 힘을 빌렸는데 이른바 '쉐당'이다. 쉐당은 소를 뜻하는 '쉐'와 '신당'이 합쳐져 만들어진 합성어다. 소를 신으로 모시는 것이 아니라 소와 관계된 기원 사항을 빌러 가는 곳이어서 쉐당이라고 불렀다. 그런데 이 쉐당 역시 방목 문화가 활발한 동촌에만 있고 상대적으로 덜한 서촌에는 없는 것이 제주의 동과 서 차이 중 하나다.

동부제 서가난 남장수 북단명

제주의 메마르고 척박한 풍토는 동촌과 서촌을 가리지 않았다. 그러나 농지가 많은 서촌이 동촌에 비해 비교적 나은 형편이었다. 이 차이는 사람들의 기질과 성정에도 큰 영향을 미쳤다. 척박하기로 소문난 동촌에 뿌리내린 사람들은 남녀노소를 막론하고 쉴 새 없이 일하지 않으면 살기 힘든 환경을 견디며 인이 박인 근면의 유전자를 지니고 살았다. 이 부지런함은 역설적으로 부의 증대를 불러온 모양이다. 서촌 사람들은 먹고살기가 편해 자급자족만 잘 되면 큰 욕심을 부리지 않았고 동촌 사람들은 한 푼이라도 더 벌어야만 후일을 대비한다고 여겨서 억척스럽게 일하고 살뜰하게 돈을 모았다는 것이다. 그 덕에 '동부제 서가난 남장수 북단명'이라는 속담까지 탄생했으니, 실제 부의 규모를 떠나서 '동촌은 부자(동부제)가 많고, 서촌은 가난(서가난)하다'라는 이미지가 생긴 것이다. 또, 한라산 남쪽은 기후가 온화해서 건강하게 장수할 수 있는 곳(남장수)이고 북쪽은 북풍이 잦고 추위가 심해서 단명(북단명)한다는 뜻도 함께 가진다.

지금도 옛 삶을 기억하는 제주 어르신들은 "동촌 사람은 억척스럽고 기질이 강하며, 서촌 사람들은 온순하고 성격이 느긋한 면모를 보인다"는 말을 종종 하곤 한다.

1만 8천 신들의 본향

많은 사람들이 제주를 일러 1만 8천 신들의 고향이라고 부른다. 유별하게 왕성한 무속신앙의 배경에는 척박한 자연환경과 정치적 변방이라는 또렷한 이유가 있다. 뭍사람들은 제주를 돌, 바람, 여자가 많은 삼다도라고 부르지만, 제주 사람들은 풍재(風災), 수재(水災), 한재(旱災)의 세 가지 자연재해가 끊이지 않는 삼재도(三災島)라 불러왔다. 엎친 데 덮친 격으로 정치적 변방인 섬이라서 봉건시대에는 목민관들의 수탈까지 견뎌야만 했으니 제주 사람들로서는 이 모든 고난을 마주했을 때 초자연적인 힘에 기대는 일 말고는 다른 도리가 없었다. 시시때때로 들이닥치는 곤경의 해법은 신성과 가까이에 있는 것이었다. 그리하여 마을마다 자신들의 수호신을 모시는 본향당(本鄉堂)을 만들었고, 그것도 모자라 아이들의 질병을 치유하는 여신을 모시는 일뤳당도 마련했다. 더불어 힘든 노동의 어려움을 달래주는 직업 수호신을 모시는 해신당과 산신당도 따로 만들었다.

안타까운 일이지만 급속한 개발과 산업화는 제주의 많은 것을 쇠락시켰다. 그중 하나가 마을공동체의 뿌리가 되는 당 신앙이다. 제주섬 어디에서나 저마다 신을 섬겼지만, 지금은 대부분이 종적을 감췄다. 하지만 그나마 다행스러운 것은 조

송당리 본향당 제주 사람들은 풍재, 수재, 한재 등의 고난을 극복하는 방편으로 마을마다 본향당을 만들어 수호신을 모셨다. 그중에서도 송당리 본향당은 제주 동촌 수호신의 시조인 '금백조'와 '소로소천국'을 모시는 당신앙의 메카다.

천읍에서 남원읍에 이르는 동촌에는 아직까지도 오롯한 모습을 유지하는 곳이 많다는 점이다. 그중에서도 제주도 동촌 대부분의 마을을 지키는 수호신들의 시조인 '금백조'와 '소로소천국'을 모시는 구좌읍 송당리 본향당은 명실상부한 당신앙의 메카다.

송당리 본향당의 부부 신을 비롯한 제주의 당신(堂神)들은 저마다 자기만의 독특한 신화를 지니고 있으며 자손을 많이 낳아 각처의 신으로 등극시켰다. 이들의 신화를 일러 제주에

서는 '본풀이'라고 한다. 재미있는 것은 송당리 본향당신 부부
의 자손 128명이 동촌을 중심으로 제주 곳곳으로 흩어져서 여
러 마을의 본향당신이 되었다는 드라마틱한 사연이다. 제주
도 당신들의 가문 중 가장 큰 집안인 것이다.

송당리 본향당신 부부가 여러 마을 본향당의 시조라면 그
들보다 훨씬 앞서서 태초의 시절에 제주섬을 창조한 여신 설
문대할망의 전설지도 성산 일대에 여러 곳이 있다. 성산의 대
표적인 상징인 일출봉에는 설문대의 전설이 서려 있는 등경
돌이라는 바위기둥이 있고, 조천읍 조천리에는 설문대할망이
육지까지 다리를 놓으려다 중단한 흔적인 엉장매코지가 바닷
가의 높다란 바위 언덕으로 남아 있다. 무엇보다 표선면 표선
리의 당캐포구에는 설문대할망을 마을의 신으로 삼아 떠받드
는 성소인 당캐할망당이 있어서 섬의 창조주에 대한 경외감을
품은 사람들이 정성껏 기원을 올리고 있으니 성산은 1만 8천
신들의 본향이라고 해도 지나친 말이 아니다.

세계가 인정한 유네스코 세계유산의 섬이 되다
신화의 시대에 제주섬을 창조한 여신 설문대의 권능은 영원하
여 오늘날 제주는 누구나 '최고의 비경'이라고 입이 마르도록
감탄사를 연발하는 세계적인 관광지로 성장했다. 세상의 시

선을 끌어모으는 사이 마침내 제주는 2000년대에 들어서 유네스코가 지정하는 세계자연유산의 섬으로 등극했다. 한라산 천연보호구역, 거문오름 용암동굴계, 성산일출봉 응회구의 세 곳이 2007년에 우리나라 최초로 세계자연유산으로 등재된 것이다.

한라산은 백록담을 지닌 본체와 더불어 삼백육십여 개에 이르는 오름을 지닌 화산의 군집체다. 제주도 한복판에 우뚝 솟아올라 섬의 모든 곳을 아우른다. 바다와 이어진 산기슭부터 정상에 이르기까지 난대, 온대, 한대에 이르는 다양한 식물들이 자라나는 생태의 보고이다. 신령스럽기 그지없는 백록담은 동서 길이 575m, 깊이 100m, 둘레 3km의 화구호로 수많은 전설의 배경지로도 널리 알려져 있다.

선흘2리 거문오름에서 흘러넘친 용암은 바다를 향해 북동쪽으로 돌진했다. 대지의 모든 것을 집어삼키며 무려 13km를 흐르는 사이 거문오름에 가까운 순으로 선흘수직굴, 뱅뒤굴, 웃산전굴, 북오름굴, 대림굴, 만장굴, 김녕굴, 용천동굴, 당처물동굴 등을 만들어냈다. 만장굴을 비롯한 각각의 동굴들은 저마다 크기와 길이가 다르고 동굴 내부의 생성물이 달라 놀라운 비경을 연출해내고 있다. 현재는 만장굴만 일반인에게 공개되고 있는데 연중 동굴의 신비를 찾아드는 방문객들로 장

한라산 백록담 한라산 정상의 백록담은 동서 길이 575m, 깊이 100m의 화구호로 둘레만 3km에 이른다. 다양한 신화와 이야기가 얽혀 있어 신령한 분화구로 불린다.

제주 동쪽의 짧은 역사 29

사진을 이룬다. 만장굴의 공개 구간 끄트머리에 다다르면 세계에서 가장 큰 것으로 알려진 7.6m 높이의 거대한 용암석주와 만날 수 있다.

성산일출봉은 4~5천 년 전에 바닷속에서 분출한 수성화산으로, 한라산을 이루는 크고 작은 화산체 중 가장 젊은 봉우리에 속한다. 분화구의 모습이 원형 그대로 보존되어 있어서 신비로운 자태를 뽐내는 일출봉을 성산 토박이들은 '청산'이라고 불러왔다.

푸른 비경에 감춰진 통한의 역사

성산을 비롯한 제주는 발길 닿는 모든 곳이 아름답다. 수많은 여행자들이 제주의 아름다움에 매료되어 감탄사를 연발하지만 제주 토박이들은 감탄 속에 한탄을 섞어 내뱉는다. 저 높은 한라산은 긴긴 한숨이 쌓이고 쌓인 것이고, 드넓은 제주 바다는 끝도 없이 흘러넘친 피눈물이 응어리진 것이기 때문이다. 기나긴 세월 변방의 보잘것없는 섬이라는 이유로 갖은 탄압과 차별을 받아온 수난의 역사가 풍광의 아름다움 너머에 잠복해 있기 때문이다.

수많은 고난 중에서도 가장 참혹한 아픔은 칠십여 년 전 제주를 아비규환의 생지옥으로 만들어놓은 4·3이다. 제주의

4·3은 해방과 신탁통치, 남북분단과 6·25전쟁에 이르는 우리나라 근현대사 최고의 격동기인 1947년 3월 1일을 시작으로 1954년 9월 21일 한라산 통행금지령이 해제되던 날까지 무려 7년 7개월 동안 이어진 대학살극이었다. 당시 제주도 전체 인구는 30만 명 정도로 알려져 있는데, 이 기간 동안 학살당한 희생자의 공식적인 숫자만 3만 명이 넘는다. 열 사람 중 하나가 죽임을 당하는 시절이었으니 제주 모든 곳이 사형장이며 묘지였다고 볼 수 있다.

성산이라고 무참한 학살을 피할 수 있었을까. 성산의 상징인 일출봉만 하더라도 대표적인 학살지 중 한 곳이다. 고성리의 광치기해변으로 이어지는 터진목에서는 고성리, 수산리, 온평리, 난산리 등 당시 성산면 주민 수십 명이 목숨을 잃었다. 일출봉을 오르는 매표소 왼편 우뭇개동산에서도 성산리 옆 마을 오조리 주민 30여 명이 학살당했다. 억압받던 독재정권 치하였던 1970년대 말, 4·3의 진실을 소설로 고발한 현기영의 『순이 삼촌』은 조천읍 북촌리에서 벌어진 실제 학살을 다룬 작품이다. 하루 이틀 사이 500여 명의 주민 중 400명 넘는 사람이 어른이나 아이 할 것 없이 무참히 살해당해서 북촌리는 남자의 씨가 말랐다는 뜻의 무남촌으로 불리기까지 했다. 표선면 중산간 오름 자락에 자리한 가시리에서도 400명이 넘

다랑쉬굴 입구와 유적지 안내문 세화리 다랑쉬오름 자락에 있는 다랑쉬굴에서 발견된 열한 구의 유골은 양민을 학살한 명백한 증거로 4·3진상규명운동의 변곡점이 되었다.

는 선량한 주민들이 목숨을 잃었다고 한다.

　무엇보다 지난 1992년 구좌읍 세화리 다랑쉬오름 자락 다랑쉬굴에서 발견된 열한 구의 유골은 4·3진상규명운동의 변곡점이 되었다. 1948년 소개령이 내려진 당시 종달리와 하도리 주민 11명이 피신해 있었는데 12월 8일에 토벌대가 들이닥쳐 총격과 함께 수류탄을 던져 어린아이가 포함된 양민을 학살한 사건의 명백한 증거가 드러난 것이다. 자신의 유골로 억울한 죽음을 증언한 11명의 희생자가 백일하에 드러나자 4·3진상규명운동은 더욱 활발해졌고, 마침내 2000년에는 제주4·3특별법이 제정되었다. 그러나 특별법이 제정되었다고 제주4·3이 완전히 해결된 것은 아니다. 밝혀지지 않은 희생자는 물론 행방불명인, 불법적인 군사재판으로 인해 빨갱이 누명을 쓴 이들의 신원(伸寃)은 아직도 더디기만 하다. 또한 4·3의 성격을 규정하는 정명(正名)에 대한 논쟁도 해결되지 않았다. 이념 프레임에 갇혀 학살과 항쟁이라는 이름이 엇갈리는 가운데 어느 하나를 택하지 못해 여전히 4·3사건으로 불리고 있다. 이런 상황이 수십 년째 되풀이되는 가운데 제주 사람들은 4·3사건이라는 이름이 못마땅한 나머지 어떤 수식도 붙이지 않고 그저 '4·3'이라고 부른다. 4·3은 여전히 이름이 없는 셈이다.

너른 바다밭 일구는 해녀의 본고장

망망한 바다 한가운데 불쑥 솟아오른 섬 하나와 산 하나, 이것이 제주다. 바다에 에워싸인 섬의 여성들은 밀물져 오는 파도 속에 몸을 내던져 생사를 오가는 험난한 노동을 대물림해 왔다. 세계적으로도 찾아보기 힘든 해녀의 본고장이 바로 성산을 중심으로 하는 제주 북동부 일대다. 조선시대에는 생계의 목적보다 조정에 진상해야 하는 공물의 품목 속에 전복이 들어있어서 목숨 건 부역에 시달리는 이중의 고통을 겪었다. 그럼에도 불구하고 성산의 해녀들은 오랜 시간 물질을 포기하지 않았다. 제주의 모든 어촌 마을마다 해녀가 있었지만 여느 곳보다 많았던 곳이 이 지역이다. 오늘날에도 구좌읍 하도리는 해녀의 수가 가장 많은 곳이며 바다밭이 가장 넓은 지역이다. 성산읍 온평리도 바다밭이 넓기로 유명해서 쉴 새 없이 물질에 나서는 해녀가 많다.

해녀의 강인함은 타고난 것이라기보다 세찬 파도를 무시로 넘나드는 사이 저도 몰래 길러진 것이었다. 그들 또한 안락한 삶을 꿈꾸고 아름다움에 매혹되는 여성들이다. 대물림되어 온 거친 노동이 그들을 억척스럽게 만들었으니, 그이네 삶의 뒤 페이지에는 어린 날 수평선 너머의 세상을 상상하던 소녀의 감성이 오롯이 남아 있다. 그것을 들춰낼 틈이 없는 각박한 삶이 그녀들을 억척 어멈으로 변신시킨 것이다.

이곳 해녀들의 억척스러움은 성산읍 성산리, 조천읍 북촌리의 위험천만한 물질에서도 확인된다. 성산리 해녀들은 일출봉의 바다 쪽 가파른 절벽을 타고 '선바르'라고 불리는 바다밭까지를 넘나들며 물질을 했다. 북촌리 해녀 역시 함덕해변의 아름다운 오름 서우봉의 벼랑 '몬주기알'을 오르내리며 물질을 했다. 물질을 마친 뒤에는 전복과 소라로 가득 찬 3~40kg의 망사리를 이거나 메고서 절벽을 탔다. 여차하면 숨이 멎는 물질도 두려운데 수십 kg의 짐을 진 채 절벽을 탔

제주 해녀상 해녀의 본고장 제주에는 바다를 배경으로 곳곳에 제주 해녀상이 서 있다. 요즘 입는 고무옷이 보급되기 전의 해녀를 형상화한 이 해녀상은 '물소중이'라고 불리는 무명 저고리와 고쟁이를 입었다.

다고 하니 직접 보지 않고서는 누구도 믿지 못할 일이다.

역사적으로도 성산 해녀들의 면면이 드러난다. 조선이 일본에 강제 병합된 이후 일본인 제주도사(濟州島司)가 해녀조합장을 겸하며 착취하는 작태가 극에 달하자 해녀들은 집단 투쟁에 나섰다. 1932년 1월 7일 구좌읍 세화리오일장에서 하도리 해녀 300여 명이 가두 행진을 벌인 것을 시작으로, 3개월 동안 238회나 되는 시위가 벌어지며 연인원 17,000명이 참가하는 대대적인 항일운동으로 이어졌다. 이를 주도했던 부춘화, 김옥련, 부덕량 등의 해녀들은 투옥되어 옥고를 치르기도 했다. 이를 제주해녀항쟁이라고 한다. 구좌읍 하도리에 자리한 제주해녀박물관에는 제주해녀항쟁의 전 과정을 알리는 전시물은 물론, 제주해녀운동기념탑이 건립되어 해녀들의 항일 정신을 높이 사고 있다. 이 밖에도 제주해녀박물관에는 제주 해녀들의 삶과 노동의 면면을 자세히 소개하는 전시물이 마련되어 있다.

온 인류가 함께 지켜야 할 땅

제주의 동쪽 성산. 그곳은 그 땅과 바다, 오름에 뿌리 내려 누대를 살아온 토박이들의 삶과 황홀한 아름다움에 홀려 섬으로 찾아든 여행자들의 감흥이 뒤섞이는 곳이다. 천혜의 비경을 잘 지켜온 이들이 있어서 오늘날에 이르러 세계적인 관광지가 되었지만, 누군가에게는 여전히 치열한 삶의 현장이다. 관광이라는 프레임만으로 제주를 본다면 아름다운 풍광의 속살을 제대로 살피지 못할 확률이 높다. 패키지 상품에 몸을 내맡긴 짧은 기간의 관광이 아니라 긴 호흡으로 찬찬히 둘러보는 여행이더라도 드러나는 풍경만을 쫓는다면 그 또한 제주의 진면목과 만나기 어렵다.

이 섬에도 사람이 있고 그들의 삶과 고락이 담긴 역사가 있다. 2000년대 들어서서 제주의 관광은 비약적으로 성장했지만 단순한 오락과 소비를 강요하는 경향이 강하다. 아름다운 곳이라면 여지없이 각종 위락시설이 들어서서 오히려 경관을 해치고 있다. 세계유산, 세계지질공원, 람사르습지 등 전 인류가 함께 영원토록 지켜가야 할 곳으로 공인되었지만 오늘의 제주는 무분별한 개발로 천혜의 자연환경이 사라질 위기에 처해 있다. 어떤 곳도 개발해서는 안 된다는 분별지 없는 보호의 논리도 문제가 있지만 극단으로 치닫는 난개발도 심각한 문제다.

1960년대의 일이었다. 제주에서는 동양의 하와이를 꿈꾸며 제주 관광개발의 다양한 계획들을 세우고 여러 가지 사업들을 진행하기 시작했다. 다양한 계획들 중에서 무산된 사례 한 가지가 눈길을 사로잡는데 1965년 한라산 백록담 분화구 안에 세계적인 규모의 호텔을 지으려고 했던 시도다. 한라산 정상부에 이르는 8km 구간의 도로를 개설해 많은 관광객들을 유치하겠다는 계획이었지만 천만다행히도 무산되었다. 어두웠던 시절의 해프닝 정도로 가벼이 여길 수 있지만, 2000년대의 제주는 다시 무서운 속도의 개발 바람에 휘말려 있다. 그 중심에 있는 성산은 제주에서 태어나 여전히 섬 땅에 발 딛고 살고 있는 토박이나 이 섬의 매력에 빠져 밀물져 온 여행자나 모두가 함께 지켜나가야 할 우리의 유산임을 잊지 말아야겠다.

광치기해변에서 본 성산일출봉

01

성산일출봉
청산에 살어리랏다

지금은 성산반도로 불리지만 오랫동안 섬이었다. 제주도에서 가장 먼저 아침을 여는 마을 성산리는 발길 닿는 곳 모두가 일출봉이다. 일출봉이 성산리며 성산리가 일출봉이라는 말이다. 썰물이 일면 모래밭이 드러나며 본섬 고성리와 이어져 뭍이 되고, 파도가 밀물져 오면 다시 섬이 되는 육계도(陸繫島)는 지난 백년간 대단한 변신을 했다. 성산리와 오조리의 경계에 있는 수중 암초인 한도여 앞으로 다리 '성산갑문'이 놓였고, 고성리 방면 터진목은 매립되어 도로가 되었다. 하지만 자동차를 타거나 걸어서 닿을 수 있는 뭍이 되어서도 성산리는 여전히 섬의 풍모를 잃지 않은 채 '그 섬에 가고 싶다'는 아련한 레토릭을 떠올리게 한다.

푸른빛이 감도는 오름에 저마다의 사연을 새겨놓은 제주 사람들은 일출봉을 '청산'이라고 불렀다. 누구도 그 수를 헤아려본 적은 없지만 아흔아홉 개라 알려져 온 일출봉 분화구 둘레에 늘어선 크고 작은 굴곡만큼 많은 사연을 가진 성산리의 풍경 속으로 발걸음을 옮겨보자.

청산이 해를 불러 아침을 여는 마을

바닷속에서 마그마가 분출하며 생겨난 수성화산인 일출봉은 세 차례의 화산 활동 끝에 지금의 신비로운 모습을 갖게 되었다. 물론 오랜 시간에 걸쳐 화산재를 깎아낸 조각가 파도와 바람의 노력도 대단한 것이어서 대자연의 합작품이라고 불러야 옳겠다.

걸작의 매력은 일찌감치 알려져서 수백 년 전부터 수많은 사람들이 작품을 직접 보기 위해 밀물처럼 밀려오곤 했다. 그리고 그 감상문은 일출봉을 그린 그림이며, 시를 비롯한 문학에 이르기까지 다양한 예술 작품으로도 탄생했다. 조선시대 최고의 시인 중 하나로 손꼽히는 임제는 제주 목사로 재직 중인 아버지에게 과거 급제 소식을 알리러 제주에 왔다가 일출봉에 올랐다. 그는 "성산도(城山島)라는 곳에 도착하였는데,

그곳은 마치 한 송이 푸른 연꽃이 파도 사이에 꽂혀 솟아오른 듯했다" 하며 성산봉을 찬탄했다. 가까이는 1980년대부터 오랫동안 대유행을 일으켰던 이생진 시인의 「그리운 바다 성산포」도 있지 않은가.

높이 182m를 자랑하는 일출봉은 1976년에 제주특별자치도기념물 제36호로 지정된 뒤, 2000년에 주변 1km 이내의 해역까지 아우르는 구역을 정해 천연기념물 제420호로 지정되었다. 그 후 2002년에 생물권보전지역, 2007년에 세계자연유산 등재에 이어 2010년 세계지질공원으로 인증되며 세계에서 유일하게 유네스코 자연과학 분야에서 3관왕을 달성한 곳이기도 하다.

이런 과정을 거치는 사이 성산봉은 세계적인 관광지로 부상했지만, 성산리 사람들에게는 여전히 생업의 현장이며 삶의 자양분이다. 1980년대 초까지만 해도 일출봉 정상은 소 떼로 가득했었다. 성산리는 물론 인근 마을에서도 겨울 석 달 동안 소의 월동지로 일출봉 분화구를 선택했다. 분화구 안에 사시사철 좋은 풀이 자라나서 뭍의 소와 달리 생풀을 먹이는 소들에게 더없이 좋은 곳이었기 때문이다. 마을의 소를 도맡아서 기르는 테우리 한 명이 4~50마리의 소 떼를 몰고 가파른 일출봉을 오르는 모습을 상상해보라. 벼랑을 평지처럼 오르

성산일출봉 수성화산인 일출봉은 분화구에서 맞이하는 일출의 장관을 감상할 수 있어 제주 관광의 필수코스로 꼽힌다. 유네스코 세계자연유산, 세계지질공원으로 등재되었고, 천연기념물 420호, 제주특별자치도기념물 제36호로 지정되어 보호받고 있다.

는 히말라야의 야크가 떠오르지 않는가. 실제 이곳에서 소를 방목했던 노인들에 의하면 일출봉 중턱에 지방턱이라고 불리는 바위가 있었다. 어른 가슴께에 닿는 꽤 높은 곳이라 사람은 끙끙거리며 간신히 올랐는데 놀랍게도 소들은 새끼를 밴 암소마저도 주저 없이 오를 만큼 쉽게 올랐다. 일출봉 등반로 중 '하산로'의 등반로 안내판을 보면 '소들이 떼 지어 정상까지 오르던 길'이라고 적혀있을 정도다. 성산리 사람들에게는 히말라야 야크 떼의 장관이 일상의 풍경이었으리라.

성산봉이 마을에 내주는 것은 그뿐이 아니었다. 제주에서는 벼가 자라지 않는 탓에 초가지붕을 볏짚 대신 '새'라고 부르는 띠풀로 덮는다. 일출봉 정상에 이 풀이 번성해서 이것을 베러 오르내리는 사람도 많았다고 한다.

이어싸나 이어싸나 새끼청산 선바르 물질

일출봉이 마을 사람에게 삶의 터전으로 내준 것은 오름 자락과 분화구만이 아니었다. 바다와 맞물린 오름 기슭의 갯바위며, 수중의 암초는 마을 해녀에게 풍요를 선물해주는 최고의 바다밭을 내주었다. 일출봉의 동쪽 밑자락에는 '우뭇개'와 '오정개'라고 불리는 황금 어장이 있다. 일출봉 진입로 왼쪽 기슭 아래 만곡의 해변이 아름답게 펼쳐진 우뭇개에는 이 마을 해

오정개 해녀탈의장 일출봉의 동쪽 밑자락에는 오름 기슭의 갯바위와 암초 덕에 이뤄진 황금 어장이 있어 해녀들이 물질을 위해 자주 찾는다. 오정개 해녀탈의장 오른편으로 성산일출봉이 보인다.

녀들이 운영하는 식당도 있고, 해녀들의 물질 공연도 펼쳐진다. 우뭇가사리가 잘 자라는 곳이라서 우뭇개라는 이름을 얻었다고 한다. 오정개는 제주 사투리로 '옷'이라 불리는 가마우지가 많이 서식한다고 해서 부르기 시작한 이름이라 알려져 있다. 사람에 따라서는 오졸개라고도 부른다. 우뭇개에서 오정개로 이어지는 바다 기슭에는 물 밖으로 머리를 내민 갯바위와 수중에 숨겨진 여가 많은데 곰들레기, 갯도, 용당, 용촐리, 창곰, 옷덕 등 저마다 독특한 이름을 지니고 있다. 해녀들에게는 그 모든 곳이 좋은 바다밭이다. 1987년에 처음 문을 열고 지금까지 신선한 해산물로 각종 요리를 선보이고 있는 '우뭇개 해녀의 집'은 음식 맛도 그만이지만 무엇보다 일출봉이 코앞에 있어서 눈으로 음미하는 맛도 일품이다.

일출봉의 바다에서 빠뜨리면 안 되는 것이 '새끼청산'이다. 우뭇개에서 바라보는 일출봉의 바다 쪽 끝자락에 조그맣게 솟아오른 곳으로, 갯바위라고 하기에는 너무 크고 그렇다고 섬이라고 하기에는 작아 일출봉에 딸린 아이 같대서 새끼청산이란 이름을 붙였다. 이곳 또한 해녀들에게는 황금 어장이며, 옛날에는 바다 포유동물의 한 종류인 강치들의 보금자리였다. 볕 좋은 날이면 물개를 닮은 녀석들이 갯바위마다 올라앉아 일광욕을 즐기며 사람을 보고도 달아나지 않았다고 한다.

나이 많은 해녀들은 추억한다. 배를 타고 가는 뱃물질이 여의치 않던 옛날, 일출봉 밑자락의 위험천만한 벼랑길을 타고 넘으며 '성산굴'을 지나 '선바르'를 굽이 돈 뒤에야 새끼청산이 보이는 일출봉 끝자락에 다다랐다. 물질을 마친 뒤 채취한 해산물로 묵직해진 망사리를 메고 다시 벼랑길을 타야만 했으니 정말 혀를 내두를 일이다.

조천읍 함덕리와 북촌리의 바다 경계가 되는 오름 서우봉 자락에도 '몬주기알'이라고 불리는 벼랑이 있는데, 그곳 해녀들도 성산리처럼 벼랑을 타며 물질을 했다. 목숨 건 물질도 버

이생진 시인의 시비 오정개 해안 산책로에는 이생진 시인의 「그리운 바다 성산포」 시비가 징검다리처럼 놓여있다. 「그리운 바다 성산포」는 성산포의 아름다움을 찬탄하며 오래도록 사랑받고 있는 시다.

거운데 아마조네스의 여전사처럼 절벽까지 오르내려야 했다니. 노동요 「노 젓는 소리」에 담아내는 제주 해녀들의 목소리가 유난히 서글프고 고단했던 이유가 있다.

일출봉을 벗 삼고 우도를 바라보며 걷는 오정개 해안 산책로에는 이생진 시인의 「그리운 바다 성산포」 시비(詩碑)가 징검다리처럼 놓여 있어서 너도나도 시인이 되어 이 바다의 풍광을 담은 시를 노래하고픈 충동에 빠지게 된다.

우뚝 솟은 땅에 새겨진 신화와 역사

사람보다 먼저 태어나 이 바다를 지켜온 일출봉은 알고 있다. 사람들이 발을 딛기 전에 태초의 창조주가 자신을 먼저 만났다는 사실을. 제주 사람이라면 누구나 아는 제주 창조의 여신 설문대는 바다를 도랑처럼 넘나드는 거인이었다. 섬을 다 만든 후에 그는 일출봉 기슭에 앉아 해진 옷을 기우는 바느질을 하곤 했다. 볕이 사라져서 어둑어둑해질 때면 거대한 등잔불을 밝혔는데, 일출봉 중턱의 우뚝 솟은 바위기둥 꼭대기에 등잔을 얹어놓았다고 전해온다. 사람들은 이 바위기둥을 등잔을 올려놨던 바위라는 뜻에서 '등경돌'이라고 부른다. 더러는 반짇고리를 올려놓았다며 제주 사투리를 붙여 '바농상지돌'이라고도 부르기도 한다.

신화가 사라진 역사의 시대에도 일출봉은 그 자리에 붙박인 채 모든 것을 목격했다. 원나라의 침략으로 고려가 몰락했을 때, 항복하지 않고 끝까지 대몽항쟁을 이어갔던 삼별초는 진도를 거쳐 제주로 들어왔다. 진지를 구축하며 이곳 일출봉 정상에도 토성을 쌓았는데, 그래서 성산리 사람들은 일출봉의 분화구를 토성이 에워쌌다는 의미로 '토상안'이라 부른다. 삼별초의 수장 김통정은 엄청난 장수였다. 그는 적의 동태를 살피기 위해 설문대할망의 등경돌 주변에 서 있을 때가 많았고, 김통정이 발을 디뎠던 바위에 발자국이 움푹하게 파여 있다는 전설 같은 이야기도 전해온다.

20세기에 이르러 일출봉은 수난과 고통의 구렁텅이에 빠져들었다. 대동아공영권의 야욕에 미쳐 날뛰던 일본은 전쟁을 준비하며 제주 곳곳에 진지동굴을 만들었다. 1943년, 그들은 일출봉 전체를 요새화한다며 2년에 걸쳐 무려 스물네 개의 진지동굴을 팠다. 일출봉이 입은 상처는 지금까지도 고스란히 남아 역사를 증언하고 있다.

이뿐 아니다. 우리 근현대사의 참극 중 하나인 4·3 역시 일출봉을 비껴가지 않았다. 고성리로 이어지는 터진목에서는 수산리, 고성리, 온평리, 난산리 등 당시 성산면 주민 수십 명이 학살을 당했다. 억울한 희생은 우뭇개로도 이어졌다. 오늘날 하루에도 수천 명의 관광객이 희희낙락 즐겁게 오르는 일출봉의 우뭇개동산은 수십 년 전 수많은 사람이 목숨을 잃은 학살터다. 1949년 1월 2일 칼바람이 몰아치던 추운 겨울, 성산리와 이어진 오조리 주민 30여 명이 이곳으로 끌려와 목숨을 잃었다. '다이너마이트를 소지한 폭도'라는 게 이유였다. 다이너마이트를 갖고 있었던 것은 사실이었지만, 폭도는 누명이었다. 오조리 사람들은 패주한 일본군이 남기고 간 다이너마이트를 오조리 내수면 양어장에서 숭어를 잡을 때 쓰곤 했었다. 물가에서 다이너마이트를 터뜨리면 물고기를 떼로 잡을 수 있기 때문이었다. 고기잡이용으로 보관하던 다이너마이트를 4·3이 발발한 후 무장대 출몰에 대비해 자체 경비용으로 사용하려고 했는데 오히려 반대로 토벌대를 죽이려고 했다는 혐의로 죽임을 당한 것이다.

이처럼 많은 사람들이 죽어간 날에도 일출봉 위로 해는 떠올랐을 테며 말 없는 봉우리는 모든 것을 지켜보았을 게다.

02

광치기해변
그리운 바다 성산포가 빚어낸 바다의 정원

1978년 출간된 이후 지금껏, 꾸준히 회자되며 사랑받은 시 이
생긴 시인의 「그리운 바다 성산포」는 많은 이들을 성산포로 이
끌었다. 그런데 과연 시인은 성산읍의 많은 해변 중에서 어느
곳을 가장 사랑했을까? 시인에게도 여행자들에게도 어느 한
곳을 딱 꼬집는 것은 어려운 숙제겠다. 하지만 일출봉 자락을
금세라도 끌어당길 듯, 만곡의 해안선을 끝없이 펼쳐내는 광
치기해변에 들어선다면 숙제는 쉽사리 풀릴지 모른다. 물론
시인의 시비(詩碑)는 일출봉 기슭과 가까운 오정개해변에 있
지만, 광치기의 절경 또한 말 그대로 '그리운 바다 성산포'다.
　일출봉을 벗 삼은 광치기해변에 들어서면 마치 현실 세계

광치기해변의 너럭바위 광치기해변의 너럭바위는 썰물 때 완전히 드러나 성산일출봉 아래 초록 카펫의 절경을 선물한다. 초록빛이었던 해초는 가을이 되면 적갈색으로 변한다.

와는 다른 세상에 발을 디딘 게 아닌가 하는 착각에 빠질 정도로 절경에 취한다. 눈에 들어오는 모든 것이 비현실적인 아름다움뿐이다. 아득하게 펼쳐진 모래톱과 그 위의 너럭바위 행렬은 파도가 아니면 누구도 빚어내지 못할 절정의 풍광이다. 노련한 석공이 다듬기라도 한 것 같은 바위 위에는 키 작은 해초들이 밀림을 이루고 있다. 이 밀림은 계절에 따라 싱그러운 연초록빛이었다가 적갈색 카펫처럼 변신한다.

조간대 너럭바위에 붙은 생명은 해초뿐이 아니다. 바위마다 둥글둥글한 조수웅덩이들이 보석처럼 빛을 낸다. 그 조그만 웅덩이를 잠자코 들여다보면 또 하나의 은하가 그 속에 숨어있다는 사실을 깨닫는다. 크고 작은 고둥부터 공룡시대의 삼엽충을 닮은 군부, 그 밖에도 게, 말미잘, 갯민숭달팽이, 샛줄멸… 조수웅덩이 속 우주의 생명 하나하나를 헤아리며 이름을 떠올리다 금방 포기하게 된다. 아는 게 별로 없기도 하지만 조수웅덩이를 차지한 생태계가 너무나 다양하기도 해서다.

섬과 섬을 잇는 바닷길

성산리는 애초에 섬이었다. 하지만 썰물 때면 수심이 얕은 고성리 쪽으로 걸어 다닐 수 있는 곳이었다. 큰 섬과 작은 섬을 이어주는 이 길목을 일러 '터진 길목'이라고 부르던 것에서 오늘날의 이름인 '터진목'이 생겨났다.

썰물이 일어 바다가 열리면 고성리와 성산리 사람들은 터진목을 통해 서로의 공간을 오갔다. 썰물 때 남겨졌다가 밀물이 밀려오면 파도에 지워지던 수많은 발자국은 1940년대 초반, 일제에 의해 연륙 공사가 시작되며 흙에 뒤덮였다. 더는 일출봉을 섬이라고 부르지 않게 되었고, 매립지는 차츰 보강되어 자동차가 질주하는 도로까지 놓이게 되었다.

섬과 섬이 하나가 되면서 터진목의 바닷길은 사라졌지만, 광치기해변은 먼 옛날 한라산이 뜨겁게 타올라 마그마를 분출했던 이래 지금까지 변함없는 모습이다. 관치기라고도 불리는 이 해변의 이름 유래에는 여러 가지 설이 전해온다. 먼저 해변에 드넓게 포진한 너럭바위들을 이르는 '광치기여'에서 비롯되었다는 설이다. 썰물 때면 숨죽였던 정체를 드러내는 너럭바위 행렬이 드넓은 광야처럼 펼쳐져 있어 그리 부르게 되었다는 것이다. 어떤 이들은 너럭바위에 거친 파도가 부딪치며 '쾅쾅' 소리를 낸다고 해서 '쾅치기'라고 부르던 것에서 광치기라는 이름이 생겨났다고 전하기도 한다. '관치기'라는 이름이 이곳으로 해난 사고를 당한 무연고의 시신들이 종종 떠밀려 와서 관을 짜서 시신을 수습하는 일이 잦았던 탓에 붙여졌다는 설도 있다. 성산리와 고성리의 경계나 다름없는 이곳에 시신이 떠밀려오면 서로 수습하라며 실랑이가 잦았다는 웃을 수만은 없는 에피소드가 함께 따르기도 한다. 그럴 때면 바다 일로 생계를 이어가던 사람들이 고성리보다 많았던 성산리 주민들이 더는 못 보겠다며 먼저 나서서 수습했다고 한다.

올레 2코스의 출발점이기도 한 광치기해변은 세계지질공원으로 지정된 일출봉을 조망하기에 안성맞춤이다. 이곳 토박이들이 '청산'이라고 부르는 일출봉의 위용을 송두리째 바라보고 있자면 벌어진 입이 좀체 다물어지지 않는다.

한 가지 안타까운 점은 근래 들어 광치기해변의 모래톱 유실이 심해지며 하루가 다르게 줄어가고 있다는 것이다. 이에 수많은 대책이 세워지고 있는데, 주민들의 반대에도 지자체에서 채석장에서 운반해온 암석을 매립하듯 모래톱 위에 쏟아 백사장을 덮어버리는 안타까운 일도 있었다. 다행히 지역 언론에 기사화되며 중단되기는 했지만, 다시 이런 무분별한 일이 생길까 걱정이 생기기도 한다.

저승의 문턱이 되었던 터진목

제주는 황홀한 곳이지만, 눈부신 풍경 뒤 끔찍한 아픔이 숨겨진 곳이기도 하다. 광치기해변의 절경은 응달에 가려진 그림자처럼 은폐되었던 역사의 아픔을 오롯이 기억하고 있다. 아품의 배후에는 1947년부터 시작해 무려 7년 7개월 동안 벌어진 엄청난 학살 제주4·3이 있다.

"대한민국을 위해서라면 비행기에 휘발유를 싣고 제주도 전역에 뿌려 모조리 불태워 없애라"라고 했던 위정자들의 극악한 말에서 엿볼 수 있듯, 4·3의 광풍은 당시 30만 명의 제주 인구 중 무려 3만여 명을 학살할 정도로 끔찍했다. 제주 토박이라면 한 집 건너 한 집이 억울한 희생자를 가슴에 묻고 있다고 해도 지나친 말이 아니다. 그 당시 광치기해변에서도 곳곳에서 끌려온 양민들이 어른 아이 할 것 없이 풀잎 위에 이슬 마르듯 목숨을 거두었다.

터진목 희생자 위령비 성산리는 4·3 당시 악명 높았던 서북청년단이 주둔해 수많은 제주 사람들을 학살했다. 460여 명이 목숨을 잃은 터진목은 저승의 문턱으로 불릴 정도였다.

광치기해변과 잇닿아 있는 터진목은 행정구역상 성산리에 속한다. 성산리에는 4·3 당시 악명 높았던 서북청년단 특별중대가 주둔하고 있었다. 서북청년단은 황해도를 비롯한 북한의 서북지역에서 억압당하던 이들이 남으로 내려와 조직한 단체로, 공산주의에 대한 복수심이 누구보다 강했다. 문제는 이들의 복수심이 애꿎은 제주 사람들을 향했다는 점이다. 제주로 입도한 서북청년단은 군경 토벌대 이상으로 수많은 양민들을 학살했고, 특히 성산리에 주둔하던 특별중대는 차마 눈을 뜨고 볼 수 없는 악행을 저질렀다.

구좌면 월정리에서 성산동 국민학교로 주둔지를 옮겨온 특별중대는 학교 옆 감자 저장 창고에서 구금과 고문을 일삼았다. 여성들은 성폭행을 당한 뒤 죽임을 당하는 일까지 허다했다고 한다. 이곳에 갇힌 사람들은 모진 고문을 겪어 초주검이 된 채로 저승길을 걸어갔다. 그들이 다다른 저승의 문턱이 바로 터진목이다. 온평리, 난산리, 수산리, 고성리 등 당시 성산면 일대의 여러 마을에서 붙잡혀 온 주민 460여 명이 이곳에서 목숨을 잃었다. 멀리 구좌면의 세화리, 하도리, 종달리 등지에서 끌려와 학살당한 사람들도 있었다고 한다. 서북청년단은 살인을 일종의 오락처럼 여겼다고 하는데 때때로 총알이 아깝다며 대나무를 깎아 만든 죽창으로 죽을 때까지 수차례 찔러대는 만행도 서슴지 않았다. 터진목과 광치기해변은 칠십여 년 전을 기억하고 있을까? 거센 파도가 너럭바위에 부딪히며 쾅쾅거리는 소리를 낸대서 쾅치기라고 부른다는 말은 어쩌면 무고하게 죽어간 이들의 원혼이 통곡하며 가슴을 치는 소리는 아니었을까.

영등바람은 풍요를 몰고 온다

4·3뿐이었을까. 오랜 세월 제주 사람들은 풍찬노숙의 가시밭 길을 걸었다. 20세기에 들며 '삼다도'라는 레토릭을 시작으로 '동양의 하와이', '이어도' 등의 낭만적인 별명을 얻게 되었지만, 정작 제주 사람은 누구도 자신들의 섬을 그렇게 부르지 않았다. 오히려 가뭄, 홍수, 태풍이 잦은 기후 환경을 탓하며 세 가지 재앙이 끊이지 않는 '삼재도(三災島)'라고 한탄하기 일쑤였다. 중앙정부와 뭍사람들로부터 갖은 수탈과 차별을 받는 섬이라 봉건시대에는 멀리 떨어진 최악의 섬이라는 뜻의 '원악도(遠惡島)'로 불리기도 했다.

사정이 이렇다보니 제주 사람들로서는 달리 기댈 곳이 없었다. 결국 현실 세계에서 보장받지 못하는 생존의 필수 항목을 초월적인 세계의 힘을 빌려 해결하려는 노력이 쌓이고 쌓여, 1만 8천에 이르는 신과 그들의 사연이 담긴 신화를 빚어냈다.

이곳 광치기해변에서도 해마다 음력 2월이 오면, 영등달이라고 부르며 보름날 이른 아침부터 해가 기울 때까지 풍성한 굿판을 벌였다. 이를 '영등굿'이라고 하는데, 음력 2월 한 달 정도 제주섬을 찾아와 바다에는 전복씨, 소라씨, 미역씨 등을 뿌리고 한라산부터 오름과 들녘에 이르는 곳에는 오곡의 씨앗을 뿌린 뒤 다시 바다로 돌아간다는 '영등신'에게 기원을 올리는 굿이다.

고성리 해녀들은 영등달이 되면 매사에 조심하며 물질마저도 중단한다. 어떤 부정도 타지 않으려는 노력이다. 기다리던 보름날이 되면 일출봉과 드넓은 해변에 오색의 커다란 깃발을 세워놓고 영등신과 용왕을 청해 지극정성의 기원을 올린다. 그렇다고 해서 마냥 엄숙한 것은 아니다. 굿을 집전하는 심방(무당)을 중심으로 굿판의 모든 사람들이 춤추고 노래하며 신명을 한층 달구고, 굿판을 찾아든 나그네들도 스스럼없이 어울릴 수 있는 분위기가 연출된다.

03

우도와 비양도
봄바람이 마지막으로 머무는 섬 속의 섬

우도는 제주에 딸린 여덟 곳의 유인도 중 가장 큰 섬이다. 가장 큰 섬답게 선사시대의 동굴집자리와 고인돌, 패총을 비롯해 탐라시대 유적까지 많은 옛 기억이 남아 있다. 하지만 언제부터인지 정확히 알 수 없으나 탐라시대 이래 한동안 사람이 살지 않았던 공백기가 있었다. 긴 세월 인적 없는 무인도였던 이 섬에 다시 사람이 발을 디디기 시작한 것은 17세기 말 국영 목장인 우도장이 설치되면서부터다. 이미 제주 전역에 10개소의 목마장이 존재했지만 비어있는 섬 우도야말로 말을 기르기에 적절하다고 판단했던 모양이다. 섬 전체에 숲이 없고 나무라고는 키가 크지 않은 닥나무만 자라고 있어 넓게 펼쳐진 풀밭이 바다와 맞닿은 곳이었다고 전해지니 쉽게 가늠할 만하다.

우도의 개척자와 독립 영웅

너른 풀밭이 개간되어 목마장이 생겨나고, 말을 기르기 위한 사람들의 왕래가 이어졌다. 그 후 1844년에 김석린이란 사람이 입도 허가를 받고 섬에 정착하면서 마을이 생겨났다. 한양에 올라가 대과를 준비하던 김석린 진사는 혼인과 부인의 출산으로 시험을 치르지 않기로 마음을 바꾸었다. 낙향한 그가 우도 개간의 뜻을 세우고 관의 허가를 받아낸 것이다. 한 무리의 사람들을 이끌고 섬에 들어간 김석린은 무인도나 다름없던 곳을 개간하는 동시에 서당을 만들어 교육에도 힘을 쓴 우도의 개척자였다. 그가 황무지를 개척한 뒤 오늘에 이르는 사이, 우도는 네 곳의 행정리와 각 리에 속한 열두 곳의 동으로 이루어진 오늘날의 모습을 지니게 되었다.

김석린을 필두로 19세기 중엽 우도에 정착한 사람들은 이 섬이 지닌 아름다움에 취해 우도팔경이라는 여덟 가지 비경을 노래하며 근대의 아침을 맞이했다. 하지만 우리의 근대가 식민 지배로 이어진 탓에, 우도의 새로운 세기 또한 어두운 그늘에 뒤덮인 채 시작될 수밖에 없었다. 식민 지배의 암울한 시대

였지만 김석린의 후학들은 자주적인 근대에 대한 열망을 불태우며 1918년에 영명의숙(永明義塾)이라는 사립학교를 설립해 교육에 열을 올렸다.

영명의숙에서는 수많은 인사가 배출되었는데, 그중에서 단연 돋보이는 사람이 독립운동가 강관순이다. 영명의숙을 나와 제주공립농업학교를 거친 강관순은 우도로 귀향해 모교의 교사가 되었다. 그는 문맹퇴치운동과 계몽극운동을 벌이며 자주독립의 기치를 드높였다. 1932년 세화리오일장집회를 시작으로 대대적으로 일어났던 제주해녀항쟁에도 깊숙이 관여했는데 당시 해녀들이 한목소리로 불렀던 「해녀가」의 노랫말도 그가 옥중에서 지은 것이다. 투옥과 고문, 만주와 간도를 넘나드는 고난에 찬 독립운동으로 몸을 제대로 돌볼 틈이 없었던 강관순은 34세를 일기로 요절했다. 지금도 우도 사람들은 '뭍에는 유관순 우도에는 강관순'이라는 말로 그의 업적을 가슴에 새기고 있다.

물빛 고운 바다와 우도팔경

우도는 발 딛는 곳, 눈길 닿는 곳 모두가 그 자체로 그림 같은 절경을 자랑한다. 너무나 아름다운 곳이 많아서 제주 사람들은 일찍부터 우도의 절경을 일러 우도팔경이라고 감탄해 왔다. 섬 전체가 빛나는 보석이다. 하지만 섬은 그 아름다움으로 인해 곳곳에 상처가 나는 역설적인 상황에 처해 있다.

2000년대 들어서며 우도는 아름다운 섬으로 널리 알려지게 되었다. 호젓했던 섬은 해일처럼 밀려드는 관광객들로 들끓기 시작했다. 많은 사람들이 찾아들자 각종 위락시설이 난립하기 시작했다. 우후죽순으로 생겨난 인공적인 것들이 천연의 비경을 해치는 지경에 이르렀다. 자성의 목소리가 높아지며 섬을 보호하려는 움직임도 수차례 있었지만, 21세기의 우도는 옛 정취를 점점 잃어가고 있다. 물론 이런 상황은 우도만의 일이 아니다. 오랫동안 이어진 관광개발로 제주섬 전체가 몸살을 앓고 있어서 깊은 우려감을 낳고 있다.

아직 오롯하게 살아있는 천혜의 비경만큼은 영원하기를 바라는 마음으로 섬을 에두르는 길을 따라 걷는다. 항구의 반대편으로 걷다 보면 수평선을 점령할 기세로 길게 펼쳐진 백사장을 만나게 된다. 우도 최대의 모래 해변 하고수동해수욕장이다. 에메랄드빛 산호 해변으로 우도팔경 중 하나인 서빈백사와 우도봉 기슭의 검멀레해변과 더불어 우도를 대표하는 해변이다. 모래 해변을 품고 마주하는 그림 같은 바다 풍경이 보는 이의 가슴에 물빛을 스며들게 만든다. 밤이면 집어등을 한껏 밝힌 고깃배들이 은하수를 이룬다 하여 우도팔경 중 제

우도 전경 푸른 바다 건너 우도가 보인다. 전체적으로 부드러운 능선을 그리는 우도는 숲 하나 없이 닥나무만 자라고 있어 넓은 풀밭에 말을 키우기 좋았다고 전해진다. 17세기 목마장이 만들어진 후, 18세기 김석린이 섬에 정착하면서 마을이 생겼다.

2경으로 손꼽는 야항어범(夜航漁帆)의 무대가 이 바닷가다. 특히 6~7월에 어선들이 벌떼처럼 모여든다고 하니 별바다라고 해도 과언이 아니다.

이 바닷가에서 놓치지 말아야 할 것은 해변 곳곳에 세련되게 자리 잡은 카페의 그윽한 커피 향만이 아니다. 이곳에 들른다면 바다에 기대어 백여 년 넘게 이 마을을 일궈온 하고수동 사람들의 염원이 담긴 탑을 꼭 눈에 담길 바란다. 방사탑의 일종인 액탑으로, 암탑과 수탑이 한 쌍을 이루고 있다. 우도의 여러 마을에 자리했던 방사탑 대부분이 무너져서 제 모습을 잃어버렸는데 이 한 쌍의 탑은 주변 경관만 바뀌었을 뿐 여전히 바다의 지킴이 구실을 제대로 하고 있다. 액탑이라는 이름 그대로 마을로 들어오는 액을 막는 역할을 맡고 있다고 알려져 있다. 아마도 한없이 아름답다가도 어느 순간 폭풍우와 함께 무시무시한 파도를 일으키는 바다에 대한 경외감 때문일 거다.

바람신의 마지막 거처 비양도 돈짓당

제주 토박이들은 물론 제주를 잘 안다는 사람들에게 비양도를 물으면 열이면 열이 연둣빛의 환상적인 해변으로 알려진 "한림읍 협재해변 앞바다에 봉긋하게 솟아오른 섬"이라고 대답

한다. 그런데 우도 사람들에게는 질문의 답이 두 가지다. 많은 사람이 아는 그 협재해변의 비양도(飛揚島)인지, 우도에 딸린 작은 섬 비양도(飛陽島)를 묻는지 되물을 것이기 때문이다. 두 섬은 한자 표기는 다른데 발음이 같다. 그래서 우도 사람들은 협재해변의 비양도는 제주 서부 지역이니 '서비양', 반대편인 우도의 비양도는 '동비양'이라고 부른다. 협재해변의 비양도와 다른 비양도라는 뜻의 '뚠비양(딴비양)'이라는 이름도 있다.

조일리에 속한 비양도는 작다 못해 앙증맞은 섬이다. 근래에는 120여m 길이의 매립 도로가 생겨서 사실상 연륙도가 되었지만 인가가 없고 올록볼록 작은 능선들이 이어지는 널따란 풀밭이 펼쳐져 있어서 섬의 풍광은 오롯하다. 바다 끄트머리에는 해녀들의 탈의장이 있고 언덕바지 위에는 현무암으로 탄탄히 쌓아 올린 봉수대가 있다. 군사적 통신수단의 역할을 톡톡히 했던 시절에는 병사들이 오르내렸던 곳이었지만 소용이 그친 오늘날에는 섬을 찾는 여행자들이 바다를 조망하는 전망대 역할을 하고 있다. 봉수대 아래로 펼쳐진 풀밭은 글램핑 명소로 알려져서 일 년 내내 바람을 피해 납작 엎드린 텐트들이 진을 친다.

무엇보다 이곳에는 섬 속의 섬을 찾아드는 이들이 존재를 모르고 그냥 지나치는 곳이 있는데 다름 아닌 비양도의 성소

비양도 봉수대 비양도의 봉수대는 현무암을 쌓아 만들었다. 군사 통신 수단으로 쓰이던 봉수대는 현재 비양도를 찾는 관광객의 바다 전망대 역할을 하고 있다.

다. 섬의 들머리에 있는 이 당은 해녀들이 섬기는 바다의 신인 요왕할망과 선왕신을 모신 곳으로 돈짓당이라고 부른다. 또 한 가지 주목할 점은 제주의 수많은 신당 중에서는 매우 드물게 특별한 신이 머문다는 사실이다. 특별한 신의 정체는 바람의 신으로 알려진 '영등'이다. 영등신앙은 제주를 비롯해 전라도 내륙과 동해안 일대에 분포한다. 옛사람들은 음력 2월을 일러 '영등달'이라 부르며, 겨우내 얼어붙은 세상에 따뜻한 봄바람을 안겨주는 신이 한 달 동안 자신들의 고장에 강림한다고 여겨왔다. 바람 많은 제주에서는 특히나 영등신에 대한 믿음이 강해서 해안 마을을 중심으로 곳곳에서 영등굿을 벌인다.

영등신의 사연을 담은 신화는 지역마다 다르게 전해 오지만, 수평선 너머 미지의 세상인 외눈박이섬 또는 영등 땅에 살다가 음력 2월 초하룻날 제주 바다로 들어온다는 이야기가 일반적이다. 영등신은 한림읍 복덕개라는 바닷가로 들어와서 보름 동안 제주섬의 모든 마을을 돌며 봄바람에 해산물과 농산물의 씨앗을 날려 보낸 뒤 한라산 꽃놀이를 마지막으로 일정을 마친다. 제주섬을 떠날 때는 우도의 진질깍이라는 해안을 통해 고향으로 돌아가는데, 이때 마지막으로 하룻밤을 지내는 곳이 바로 비양도의 돈짓당이다. 붙박이 신이 아닌 이유로 제주 대부분의 마을에서 영등신의 성소를 따로 모시지 않

비양도 돈짓당 돈짓당은 바다의 신을 모신 곳을 부르는 말이다. 특히 비양도 돈짓당은 음력 2월 바람의 신 '영등'이 제주를 돌며 봄바람에 씨앗을 날려 보낸 뒤 마지막 하룻밤을 보내는 곳이라 여긴다.

는데 한림읍 한수리 영등당과 비양도 돈짓당만은 예외다. 하지만 안타깝게도 한수리 영등당은 아파트가 들어서며 종적조차 사라졌으니 비양도 돈짓당은 유일하게 남아있는 영등신의 성소라고 할 수 있다.

겨울을 몰아내고 제주섬 모든 곳에 새 생명의 봄기운을 불어넣는 영등신의 메카가 섬 속의 섬이라는 우도, 그리고 다시 그 속의 작은 섬 비양도에 있다. 이곳은 작지만 생명의 원천이며 봄바람의 발원지라고 불러도 지나치지 않겠다.

04

온평학교바당
학교를 세운 해녀들의 가쁜 자맥질

제주를 일러 탐라라고 부르던 때가 있었다. 삼국시대 고구려, 백제, 신라와 더불어 천년의 해상왕국으로 맹위를 떨쳤던 탐라국의 발원지인 성산읍 온평리는 기다란 해안선을 가진 마을로도 유명하다. 마을 바다가 넓다는 말이다. 바다가 넓다는 것은 기대어 사는 사람들이 많다는 이야기로도 이어진다.

　　제주의 해녀들은 바다를 '바당밧'(바다밭)이라고 부른다. 바닷가 마을 어디든 너른 바당밧이 물이랑을 뽐내며 밭을 일구는 손길을 기다린다. 목숨을 내걸고 하는 일인 탓에 제주 해녀들은 절대로 혼자서 바다에 뛰어들지 않는다. 언제나 함께하는 '물벗'이 있다. 이 집단을 이루는 해녀들은 물질하는 기량을 기준 삼아 무리를 상군, 중군, 하군으로 나눈다. 상군은 열길 물속도 주저함 없이 누비는, 실력이 가장 뛰어난 해녀다. 상군에 버금가는 중군의 기량도 만만치 않다. 하군은 이제 막물질을 시작한 초보 해녀 또는 한때는 상군으로 이름을 날렸지만 나이가 들어 호흡이 달리는 할망(할머니)들을 이른다. 초보 해녀는 '똥군' 또는 '애기잠수'로도 불린다. 상군과 중군은 깊고 얕은 바다를 가리지 않고 누빈다. 해산물이 많은 곳이라면 어디든 갈 수 있다. 하지만 그렇다고 해서 이들이 모든 바다를 가리지 않는다면 하군들의 몫은 턱없이 줄어들기 마련이다. 그래서 제주 해녀들은 마을마다 수심이 얕은 바다를 '할망바당'과 '애기잠수바당'이라고 구획 짓고, 상군과 중군들은 출입하지 않는 것을 약속으로 한다. 서로를 배려하는 공동체 정신을 느낄 수 있는 대목이다.

그런데 온평리는 할망바당, 애기잠수바당과 더불어 특별한 바당밧 하나를 더 지니고 있다. 이 특별한 바당밧 이름은 '학교바당'이다.

학교를 세운 해녀와 바다

식민 지배에서 해방되자 방방곡곡 어디서든 새로운 나라를 건설하자는 열망이 봇물 터지듯 터져 나왔다. 다양한 분야에서 희망찬 설계가 진행되었는데 그중에서도 으뜸은 아마 교육이었을 거다. 식민 지배를 겪은 세대가 가장 열망한 일이 '자식들만은 강건하게 자라는 것'이었기 때문이다.

용광로처럼 들끓는 열망은 제주라고 다르지 않아서 마을마다 학교를 만들어 아이들을 불러 모았다. 온평리 또한 1946년에 마을 출신 재일 동포 독지가들의 도움에 마을 사람들이 한 푼 두 푼 모은 돈을 더해 초등학교 부지를 마련했다. 하지만 쉽지는 않았다. 번듯한 땅은 마련했지만 정작 교사를 지을 비용이 턱없이 부족했기 때문이다. 온 마을이 낙심할 때, 발 벗고 나선 것이 해녀들이었다. 의기투합한 해녀들은 물질해서 채취한 미역을 팔아 생긴 돈을 남김없이 내놓았다. 당시 마른미역 열 근이면 좁쌀 한 말을 살 수 있을 정도로 제주 미역이 인기가 좋았는데, 겨울철 살을 에는 추위를 뚫고 거둬들인 미역을 몽땅 내놓았으니 감탄을 넘어 경외감마저 생길 정도다. 해녀들의 희생으로 학교가 제법 모습을 갖추자 마을 사람들은 환호성을 질렀다. 무엇보다 마음 들뜬 아이들은 앞다투어 모여들었고, 목청껏 책 읽는 소리가 마을에 생기를 불어넣었다.

그런데 부풀었던 희망이 잿더미가 되는 사건이 발생했다. 개교 후 몇 해가 지난 1950년 겨울, 학교에 화재가 발생해 목

학교바당 해방 직후 온평리 해녀들은 매서운 추위를 견디고 따온 미역을 학교를 세우는데 몽땅 내놓았다. 다음 해 학교가 화재로 전소하자 마을 바당밧 한 구역을 아예 '학교바당'으로 정하고, 채취한 해산물 판매대금을 기부하며 학교 재건에 힘쓰기도 했다.

조건물이 전소되고 만 것이다. 그대로 학업을 중단할 수는 없어서 아이들은 이곳저곳을 전전하며 수업을 이어갔다. 하지만 갑자기 닥친 시련과 싸우는 일은 결코 녹록지 않았다.

어렵사리 학업을 이어가는 아이들을 보다 못한 마을 해녀들은 또다시 물옷을 입고 바다로 나섰다. 다시 학교 재건 기금을 모으기로 한 온평리 해녀들은 이번에는 아예 마을 바당밧한 구역을 '학교바당'으로 정해놓고 거기서 채취한 해산물의 판매대금은 무조건 학교를 위해 쓰기로 결정했다. 그렇게 제주 최초의 학교바당이 만들어졌다.

온평리 학교바당은 옆 마을 신양리와의 경계에 있는 속칭 '서근여'라고 부르는 바닷가에 위치해 있다. 이곳은 물살이 세서 예부터 질 좋은 미역이 많이 자라는 곳이었다. 그런데 신양리와 경계를 이루는 곳이다 보니, 두 마을 해녀들 간에 바당밧 싸움이 적지 않던 곳이기도 하다. 어중간한 경계지점을 놓고 서로 자기 바다라며 소유권을 주장하며 다투는 경우가 많다. 제주 곳곳에서 흔한 일이기도 하다. 하지만 온평리 해녀의 지혜는 학교만 살려낸 것이 아니라 마을 간의 갈등도 말끔히 해소했다. 옆 마을 신양리 해녀들도 이에 감화되어 학교바당을 만들었고 다른 마을들도 하나둘씩 이를 따르게 되었다고 한다.

비석의 이면에 숨겨진 또 다른 내력

학교바당에 깃든 어머니들의 깊은 사랑을 되새긴 뒤에는 마을로 들어서서 온평초등학교에 가야 한다. 운동장 안쪽의 놀이기구가 있는 곳으로 들어서면 줄 맞춰서 도열한 비석과 마주치게 된다. 학교가 생긴 이후부터 오늘날까지 곡진한 사연이 있을 때마다 비석을 세워 기념한 풍경 속에, 학교바당을 일궈낸 온평리 해녀들을 기리는 '해녀공로비'가 함께 서 있다.

퍼런 돌이끼가 비문보다 먼저 나서서 해묵은 세월을 증명

해녀공로비 온평초등학교 운동장에 자리한 '해녀공로비'는 이 마을의 해녀들이 물질로 마련한 돈을 모두 학교 설립과 재건을 위해 내놓은 공로를 기리기 위해 세워졌다.

74

하는 이 비석의 한가운데는 굳건한 필체로 써 내려간 '해녀공로비(海女功勞碑)' 다섯 글자가 중심을 잡고 있다. 이 다섯 글자 네 귀퉁이에는 또 다른 문구가 새겨져 있는데, 온평해녀 불해 노력 보조문교 표기공덕(溫平海女 不懈勞力 補助文敎 表其功德)이 그것이다. 풀이하자면 '온평리 해녀들은 게으르지 않은 노력으로 교육에 도움을 줬으니 그 공덕을 새긴다' 정도로 읽을 수 있겠다.

하지만 이 비석에는 새겨지지 않은 반전이 하나 있다. 학교 운동장에 늘어선 이 기념비들은 1960년 학교추진위원회가 주도해 건립했다. 하지만 학교가 처음 세워진 1946년~1958년에 학교바당을 텃밭 삼아 아낌없이 지원했던 해녀들의 공로는 쏙 빠진 채였다. 독지가들의 공로를 높이 사는 세 개의 비석이 서고 박수갈채가 이어지는 동안, 해녀들은 뒤돌아서 열 길 물속보다 깊은 실망의 심연에 빠졌으리라. 단지 여성이라는 이유로 가해진 차별의 결과였다. 참담한 모습을 지켜보던 사람들 중 정의로운 몇이 "누구보다 많은 공을 세운 이들이 해녀인데 어떻게 이럴 수 있느냐!"며 성토했다. 결국 마을 안에 해녀들의 공로를 인정해야 한다는 여론이 들끓기 시작했다. 그 후로 일 년의 시간이 흐른 뒤, 운동장에는 해녀공로비가 비석들 사이에 세워졌다.

하지만 아쉬움은 여전히 남았다. 한 해 전 세워진 공로비 모두 건립자가 '온평초등학교추진위원회'인 것과 달리, 해녀 공로비만 '온평초등학교'로 이름이 새겨져 있기 때문이다. 더러는 학교 자체가 건립자가 된 것이 더 큰 의미를 지니는 것이라 보기도 하지만, 여전히 남성 중심의 가부장제 사회의 한계가 드러나는 대목으로 보는 시선도 있다.

살을 에는 추위 속에서도 학교바당에 첨벙첨벙 뛰어들었던 해녀들을 상상해보라. 그녀들의 모든 사연을 저 작은 비석 하나에 전부 채울 수 있을까? 어쩌면 해녀들의 모든 것은 야속할 정도로 묵묵한 저 바다만 알고 있을 성싶다.

마을의 숨겨진 명물 연리목

학교 앞 사거리 횡단보도를 건너 100m 남짓 바다 쪽으로 걸어가면 온평리 또 하나의 명물이 발길을 유혹한다.

제주의 옛 왕국 탐라가 건국될 때, 한라산에서 솟아난 삼신인(三神人) 고을라, 양을라, 부을라는 이 마을 바닷가로 들어온 벽랑국의 삼공주와 조우했다. 세 쌍의 선남선녀는 마을 위쪽에 있는 혼인지(婚姻池)라는 연못가에서 각각 백년가약을 맺고 바로 옆 신방굴에서 초야를 치렀다. 마을에 이 이야기를 소개하는 기념관도 따로 있을 정도다. 기념관은 신혼여행

백년해로나무 팽나무와 후박나무의 서로 다른 두 나무가 밑동부터 얽혀 자란 이 나무는 탐라국의 시조 삼신인과 그들의 배필 삼공주의 결합을 의미한다하여 백년해로나무라 부른다.

객들의 성지로도 유명해 많은 이들이 찾아온다.

하지만 리사무소와 얼굴을 맞대고 있는 조그만 공원에 뿌리내린 이 명물은 알아보는 이가 드물다. 명물의 이름은 '백년해로나무'인데 수종이 다른 두 나무가 만나 하나로 자란 연리목이다. 100살을 훌쩍 넘겼다는 두 나무는 밑동부터 동아줄 엮이듯이 서로 부둥켜안으며 자라났는데 하나는 팽나무, 다른 하나는 후박나무라고 한다. 전혀 다른 종류의 나무가 태어날 때부터 서로에게 어깨와 가슴을 내주며 자라난 것을 보면 탐라국의 시조라는 삼신인과 그들의 배필 삼공주의 결합과 절묘한 앙상블을 느끼게 될 것이다. 이렇게 온평리는 나무조차도 서로를 사무치게 사랑해서 하나가 되는 훈훈한 마을이다.

05

신천목장과 용궁올레
바닷속 세상을 잇는 미지의 게이트

때때로 마음과 몸에 든 번민과 피로가 스트레스로 울컥 치밀어 오를 때가 있다. 이런 순간과 맞닥뜨렸을 때 사람들은 저마다의 해결책을 찾는다. 나는 폭발하기 직전의 몸과 마음을 진정시켜야겠다는 생각이 들면 먼 곳으로 떠났던 철새의 귀소본능처럼 그곳을 찾아 떠난다. 섬 동녘의 바닷가다.

제주라는 섬에서 태어나고 자랐지만 나에게도 바다는 미지의 세상이다. 섬을 에둘러 도는 바다, 나에게 심신 안정제인 제주 바다는 동서남북 모두 한결같이 아름답다. 그래도 굳이 어느 한 곳을 손에 꼽으라면 제주 최고의 비경으로 꼽는 곳이 바로 신천목장과 용궁올레다.

초원과 만나는 수평선이 머무는 곳

바다와 나란히 달리는 해안도로가 온 섬을 둘러싸기 전, 제주 해안은 널따란 풀밭이 바다 기슭을 가득 채웠었다. 이국적인 풍경을 뽐내며 본연 그대로의 모습이 아름답기로 소문난 제주건만 급속한 개발로 천연의 모습이 남아있는 곳을 찾기가 여간 어려운 일이 아니다. 해안도로와 해안가 역시 마찬가지다. 하지만 신천마을의 신천목장은 축구장 수십 개를 합친 만큼의 초록 잔디가 깔린 바다 기슭을 오롯이 간직한 곳이다.

신천리는 성산읍의 동쪽 끝 마을이다. 천미천을 경계 삼아 표선면 하천리와 접해있다. 신천리의 옛 이름은 냇깍. 내의 끄트머리라는 뜻의 제주도 사투리로, 제주도에서 가장 긴 하천으로 알려진 천미천 끝에 있다 하여 생겨난 이름이다. 조선시대에는 옆 마을인 신풍리와 하나로 묶어 천미촌, 천미포 등으로도 불렸는데, 신풍리와 구별 지어서는 새내깍마을로 불렀다. 신천리라는 이름은 새내깍을 한자어로 옮긴 것이다.

바닷가마을 신천리의 자랑인 신천목장은 과거에는 신천마장, 천미장 등으로 불리며 수백 마리의 마소가 뛰놀던 곳이다. 조정에 진상하는 국마를 기르기도 했었다. 오늘날에도 여전히 소 떼가 한가로이 풀을 뜯는 목장의 기능은 이어지고 있어서, 드넓은 초원의 목가적인 풍경은 여전히 낭만적이다. 또한 가지 놀라운 점은 봄부터 가을까지 푸르렀던 들판이 겨울과 만나면 놀라운 변신을 한다는 사실이다. 겨울이 제철인 제주 감귤이 한몫을 맡는데, 아득히 넓은 들판이 겨울이 되면 탐스러운 황금빛 귤껍질로 뒤덮이는 것이다.

한방에서는 귤껍질을 귤피 또는 진피로 부르며 기관지, 위장, 피부 미용에 좋은 약재로 귀하게 여긴다. 제주도 곳곳에서 모은 엄청난 양의 귤껍질을 말리기에 신천목장이 제격이다. 마치 황금빛 양탄자를 끝도 없이 깔아놓은 것 같은 신천목장의 겨울 풍경은 말 그대로 압권이다. 때때로 눈발이라도 날

신천목장에 널어놓은 진피 봄부터 가을까지 널따란 풀밭이었던 신천목장은 겨울이면 황금빛 귤껍질로 뒤덮인다. 진피, 귤피로 부르는 귤껍질은 기관지, 피부에 좋은 약재로 귀하게 여긴다.

리면 인상파 화가의 그림처럼 절정의 판타지를 연출하며 보는
이로 하여금 탄성을 자아내게 한다.

전설로 이끄는 바위 앞에서

신천목장을 거닐다 코발트빛 물결을 눈에 담을 요량으로 고개
를 돌리면 바다 기슭의 비탈 아래, 첨탑처럼 솟아오른 커다란
바위기둥 한 쌍이 보인다. 보는 각도에 따라 공룡, 낙타, 거북
이 등 여러 가지 모습을 선보이는 바위는 마치 바다로 들어가
는 대문의 양 기둥인 것처럼 우뚝 솟아있다. 신천마을 사람들
은 이 한 쌍의 바위를 '칼선다리'라고 부른다. 칼선다리라는
말은 사실 제주에서도 근래에는 좀처럼 쓰지 않는 사투리다.
굿에서 신의 의사를 묻는 점괘 중 사람이 급사한다거나 큰 재
앙을 예고하는 가장 불길한 결과를 이르기 때문이다.

소름 끼치는 이름을 지닌 칼선다리에서 100m 정도 떨어
진 곳에는 집채만 한 바위가 바다 기슭을 짓누를 기세로 버티
고 있다. 어마어마한 크기의 바위 한복판에는 사람이 뚫기라
도 한 것처럼 반듯한 직사각형의 구멍이 있는데, 바위 속으로
들어가는 비밀 게이트처럼 느껴진다. 문처럼 생긴 구멍을 가
진 이 바위는 창곰돌(창구멍 돌), 고망난돌(구멍 난 돌), 관석(貫
石), 저승문 등 여러 가지 이름을 갖고 있다.

칼선다리와 창곰돌에는 기묘한 형상만큼이나 신비로운 전설이 깃들어 있다. 신천마을 사람들은 신천목장의 바다 기슭에 기암괴석들이 즐비해서 예로부터 이곳을 '용머리'라고 불러왔다. 물살 또한 매우 거세고 다른 곳에 비해 수심이 깊어서 바다를 일터 삼는 해녀들은 이곳이 남해 용궁으로 들어가는 어귀라고 여기며 이곳에서 물질하는 것을 금기시해 왔다.

그런데 전설로 전해오는 이야기에 따르면 언제인지 모를 옛날, 이 마을에 물질 잘하기로 소문이 자자했던 송 씨 해녀는 이 바다에서 물질을 곧잘 했다. 마을에서 유일한 일이었다.

창곰돌 신천목장의 해안가에 선 이 바위는 커다란 몸체 한가운데 직사각형 모양의 구멍이 뚫려, 창곰돌(창구멍 돌), 고망난돌, 저승문 등으로 불린다. 100m 떨어져 있는 칼선다리와 함께 신비한 전설을 갖고 있다.

물질 솜씨가 뛰어나기도 했거니와 여느 해녀들보다 담도 커서 겁 없이 혼자서만 용궁올레에서 물질을 한 것이다. 제주 바다의 모든 해녀가 으뜸으로 생각하며 지키는 철칙 중 하나가 절대 혼자서는 물질을 하면 안 된다는 관습이었다. 물질은 한 치 앞도 헤아리기 어려운 깊은 바닷속을 넘나드는 목숨 걸고 하는 일이다. 아차 싶은 찰나에 위기에 처하는 순간이 종종 있고, 그렇다 보니 최소한 서너 명의 '물벗'이 함께 물질하며 시시때때로 서로의 상태를 보살피는 것이 나도 살고 남도 사는 생존법이다. 이런데도 송 씨는 뛰어난 물질 솜씨만 믿고 혼자서 위험천만한 용머리 바다에 뛰어들었으니, 결국 큰 사달이 벌어지고 말았다.

바다 궁전으로 가는 어귀, 용궁올레

여느 날처럼 용머리 바다로 빠져들어 익숙한 손으로 전복이며 해삼을 캐는 사이, 알 수 없는 광채가 송 씨의 몸을 감쌌다. 송 씨는 순간 크게 놀라 물숨을 들이켜 정신을 잃고 말았다.

간신히 정신을 차린 송 씨는 깊은 바닷속이 아닌 육지와 다를 바 없는 풍경과 맞닥뜨렸다. 남해 용궁의 입구였다. 이승의 인간이 용궁에 다다랐으니 송 씨는 놀랄 수밖에 없었다. 진풍경에 넋이 나가 돌하르방처럼 우두커니 선 송 씨 앞에 아리따운 용궁의 선녀가 나타났다. 선녀는 송 씨에게 "인간이 올 수 없는 곳에 이승 사람이 들어온 사실을 용왕이 알아채면 죽임을 면치 못한다"며 어서 뭍으로 달아나라고 길을 알려줬다. 최대한 빨리 돌아가되 절대 뒤를 돌아봐서는 안 된다는 당부와 함께.

송 씨는 선녀가 가르쳐준 길을 따라 필사적으로 헤엄쳤다. 얼마를 헤엄쳐 갔을까? 뭍이 가까워지자 송 씨는 두 번 다시 용궁의 진풍경을 볼 수 없다는 아쉬움을 참을 수 없었다. 전설이라면 갖춰야 할 상투적인 전개답게 송 씨는 선녀의 당부를 어기고 말았다. 송 씨가 고개를 돌려 용궁을 바라보는 순간, 주위가 삽시간에 칠흑같이 어두워졌다.

사방이 다시 환해지자 조심스레 눈을 뜬 송 씨는 자신이 용궁 어귀로 되돌아간 것을 깨달았다. 다시 닿은 용궁에는 앞서 만난 선녀와 달리, 무시무시한 괴물 형상의 남해 용궁 수문장이 시퍼런 칼날을 겨누며 송 씨 앞을 가로막고 있었다. 수문장의 으름장에 송 씨는 사정을 낱낱이 고하며 살려달라고 간절히 애원했다. 그러자 놀라운 반전이 일어났다. 수문장이 애원하는 송 씨에게 감복해 풀어준 것이다.

그리하여 송 씨는 구사일생으로 살아 나왔다. 뭍으로 돌아와 안도의 한숨을 내쉬는 순간, 바다가 요동치며 어마어마한

용궁올레 올레는 큰길에서 집 마당으로 이어지는 가짓길을 뜻하는 말이다. 용암이 바닷속으로 빨려가며 생긴 용궁올레는 바다 쪽으로 굽이진 모양새에 양쪽 가장자리에 돌담을 두른 듯 바위가 줄지어져 있다고 하여 용궁으로 가는 길로 여겨진다.

소용돌이가 일더니 칼날 같은 바위 한 쌍이 하늘을 찌를 듯이 솟아올랐다. 그 너머로는 집채 같은 바위까지 불거져 나왔다. 다시는 어떤 인간도 들어와서는 안 된다는 경고로, 남해 용왕이 칼날 끝이 하늘을 향하게 거꾸로 세워놓고 뭍사람들의 출입을 막은 것이다. 그것도 모자라 큰 구멍이 뚫린 파수대 같은 바위까지 세웠으니 이것이 칼선다리와 창곰돌에 얽힌 이야기다.

전설은 여기서 끝이 아니다. 칼선다리에서 창곰돌 사이의 거리만큼 동쪽으로 더 가면 바다 기슭 아래, 바닷물과 갯바위들이 만나는 기다랗게 굽이진 곳이 눈에 들어온다. 냇물처럼 흐르던 용암이 바닷속으로 빨려 들어간 흔적이다. 그런데 그 모습이 마치 제주도 전통 초가의 어귀에 있는 올레를 빼닮았다. 그래서 이 바위에는 용궁올레라는 환상적인 이름이 붙여졌다.

올레란 뭍의 고샅길과 비슷한데 큰길에서 여염집의 마당으로 이어지는 가짓길을 뜻한다. 개인의 사생활이 바깥으로 노출되는 것을 막을 요량으로 부메랑처럼 살짝 휘어져서 올레 어귀에서는 집 안쪽이 보이지 않는다. 용궁으로 들어가는 길인 용궁올레는 진짜 올레처럼 만곡으로 굽이진 모습이다. 양쪽 가장자리는 돌담을 두른 듯이 또 다른 바위들이 줄지어 있다. 끄트머리가 바닷속으로 잠긴 모습 또한 사람을 유혹하기에 충분하다. 그 옛날 송 씨 해녀가 그랬던 것처럼 용궁올레를 따라 걸어 들어가면 남해 용궁에 닿을 것만 같다.

무시로 이곳을 찾아와 바다 기슭에 서면 눈앞에 펼쳐진 칼선다리, 창곰돌, 용궁올레를 바라보며 송 씨 해녀의 전설을 되짚곤 한다. 이 바다는 용궁으로 가는 어귀이기 때문에 누구도 바닷속에 발을 담그면 안 된다. 전설이 당부하는 금기 속에 담긴 진정한 메시지는 무엇일까? 그건 아마도 바다라는 이름의 대자연이 지닌 섭리를 인간의 욕심대로 거스르지 말라는 신의 당부일지 모른다.

용궁올레는 신천목장과 더불어 제주의 진면목을 제대로 보여주는 성산의 비경 중 하나다. 바다 기슭의 초원과 기암괴석이 절경을 자아내는 이 바다는 개발의 가속화로 자꾸만 훼손되는 제주의 자연 모두가 용궁올레였으면 하는 바람을 떠올리게 한다.

06

갑마장길
유채꽃 향기 그윽한 목마의 고장

가시리는 고려 말 예문관 대제학 한천이 이곳에 터전을 잡아 때를 기다린다는 뜻을 지닌 '가시(加時)'를 마을 이름으로 붙인 육백여 년 넘는 역사의 마을이다. 한천은 이성계의 등장으로 왕조가 위태로운 지경에 처하자 머나먼 제주까지 내려와 은둔하는 것으로 저항을 대신했던 인물이다. 구한말의 충신 최익현이 제주에 유배당했을 때, 이 마을에 있는 한천의 묘를 찾아 예를 갖추며 충절을 찬양하는 비문을 짓기도 했다.

가시리는 본동, 안좌동, 두리동, 폭남동, 역지동, 생기동 등 여섯 개의 작은 마을들로 이루어져 있다. 제주 사람들에게 가시리는 '빗 고단, 고사리 고단'으로 널리 알려져 있다. 비가 많이 내리고 고사리가 잘 자란다는 뜻이다. 역사적으로는 조선시대 제주도 내 목마장 중 으뜸으로 쳤던 '녹산장(鹿山場)'과 명마로 알려진 제주마 중에서도 최고의 말을 길러내었던 '갑마장(甲馬場)'이 있었던 목마의 고장이기도 하다. 2000년대 초반, 마을 만들기 사업을 시작하며 마을의 역사와 자연 속에 녹아든 문화원형을 발굴해 다양한 콘텐츠로 개발하며 전통을 현대적으로 계승하는 마을로 인정받기도 했다.

빼어난 경관과 깊은 역사를 자랑하는 가시리는 남부러울 것 없이 다 가진 마을이기도 하지만, 수십 년 전까지만 해도 제주 사람들에게는 험한 곳으로 알려졌다. 중산간의 너른 초원 지대에 자리한 마을이라 땅이 매우 넓고 그만큼 밭이며 목장이 많아 농사일이 끊이지 않던 곳이다. '부지런 부자'라고 살림은 풍족했지만 쉴 틈이 없는 탓에 딸 가진 부모 중에는 가시리 사위 얻기를 저어하던 이들도 있었다고 한다. 오죽하면 이런 노래가 전해올까.

> 가시오름 강당장칩이 식 콜 방에 새 글럼서라
> 전상 궂인 이내 몸 가난 늬 콜 방에 새 맞아간다

이 노래는 제주 전역에 불리던 노동요 「남방에소리(나무 방아 찧는 소리)」의 한 구절이다. 가시리에 실존했던 전설적인 큰 부자 강당장 집안의 부녀자 셋이 방아를 찧는데 호흡이 맞지 않아서 방아질이 안 되더니, 팔자 궂은 내가 시집가니 넷이 해도 잘만 맞더라는 뜻이다.

가시리는 노동의 땀이 배어 있는 동시에, 근현대사의 아픔인 제주4·3의 상흔이 깊이 남아 있는 사연 많은 마을이기도 하다. 4·3 당시 360여 가호가 있던 매우 큰 마을이었던 가시리는 마을이 전소된 것도 모자라 무려 400여 명이 토벌대에 의해 무참히 살해당하기도 했다. 서귀포시 관내의 마을 중에서 가장 많은 희생을 낳은 사례다.

꽃길 끝에 만나는 거대한 용암돔

가시리 여행의 시작은 단연 녹산로다. 2006년과 이듬해에 '한국의 아름다운 길 100선'에 연거푸 선정되기도 한 이 길은 과거 녹산장이 자리했던 곳을 지나는 터라 녹산로라는 이름을 얻었다. 10km에 걸쳐 곧게 뻗은 도로 양옆으로 웃자란 벚나무들이 늘어서 있다. 계절의 여왕이라는 봄이 오면 연분홍빛 벚꽃이 팝콘처럼 피어나고 벚나무 아래로는 샛노란 유채꽃이 길의 들머리에서 끄트머리까지 물들인다. 그야말로 판타지를 여는 벚꽃과 유채꽃의 앙상블은 다른 어느 곳에서도 보기 힘든 절정의 아름다움을 뽐낸다.

꽃길에 취한 길손의 걸음을 멈춰 세우는 것이 하나 더 있다. 평지에 혼자 불쑥 솟아오른 것이 예사롭지 않은 높다란 바위 언덕이다. 아니나 다를까, 활화산이 빚어낸 놀라운 걸작이다. 이 바위 언덕의 정체는 '머체'다. 머체는 마그마가 땅 위로 불거져 나와 그대로 굳어버린 용암돔을 이르는 말이다.

이곳 머체의 정확한 이름은 '행기머체'다. 행기는 놋그릇을 말하는데, 옛사람들은 밭일을 가거나 마실 나갈 때 밥이나 물을 담을 용도로 행기를 들고 다녔다고 한다. 머체 꼭대기에

행기머체 머체는 용암이 땅 위로 나와 그대로 굳어진 용암돔을 뜻한다. 머체가 행기(놋그릇)처럼 생겼다 하여 이름 붙여진 '행기머체'는 동양 최대 크기를 자랑한다.

한 사발 될까 말까한 물이 솟아난다고 해서 행기머체라 부르기 시작한 것이 이름이 되었다. 보는 이를 압도하는 웅장한 풍채의 행기머체는 동양 최대의 크기를 자랑한다. 자연이 만든 예술품 감상이 끝났다면 바로 옆 사람이 만든 놀이터도 들러보길 바란다. 조랑말체험공원은 승마 체험, 먹이 주기 체험과 더불어 박물관 전시를 통해 제주마에 대한 많은 정보를 넘어 제주 문화를 엿볼 수 있는 창이 되고 있다.

지루할 틈 없는 신비의 갑마장길

2012년에 처음 선보인 갑마장길은 애초에 '갑마장길'과 '쫄븐 갑마장길'의 두 가지 코스로 나뉘어 있었다. 가시리 마을 안 길부터 목장 지대와 여러 오름을 지나는 20.2km의 갑마장길은 소요 시간 7시간을 넘기는 탓에 근래에는 3시간 남짓 코스의 쫄븐갑마장길에 방문객이 몰린다고 한다. 쫄븐갑마장길은 행기머체에서 출발해 꽃머체, 가시천, 따라비오름, 잣성, 큰사슴이오름, 유채꽃프라자를 거쳐 다시 행기머체로 돌아오는 약 10km의 구간으로 이루어져 있다. 쫄븐갑마장길로 성이 차지 않거나 내밀한 삶을 잠깐이라도 맛보고 싶다면 마을 안길을 둘러보는 것도 좋겠다.

행기머체에서 출발한 여정을 도로 아래를 지나는 굴다리

따라비오름 따라비오름은 봉우리 여섯 개가 산맥처럼 이어지고, 분화구도 세 개나 있어 매우 독특한 형태의 오름으로 꼽힌다. 제주 오름 중 가장 아름다운 '오름의 여왕'으로 불린다.

쪽으로 잡으면 초입에서 꽃머체와 마주친다. 행기머체보다
는 조금 작지만 짙은 숲과 어울려 있는 모습이 원시적인 신비
감을 자아낸다. 머체에 뿌리박은 구실잣밤나무와 제주참꽃나
무 등이 꽃을 피워낸다고 해서 꽃머체라는 예쁜 이름이 붙여
졌다. 꽃머체를 지나 오솔길로 조금만 들어가면 숲속을 가르
며 물굽이를 이끄는 가시천과 만난다. 구불구불 휘어지다 오
르락내리락하는 좁다란 숲길의 역동에 지루할 틈이 없다. 식
생도 풍부해 때죽나무, 참꽃나무, 조배나무, 동백나무 등으로
사계절 내내 숲은 푸른색이 짙다.

으슥한 숲길을 빠져나오면 목초지와 밭이 이어지는 너른
땅이 펼쳐진다. 따라비오름부터 모지오름까지 저마다 한 폭
의 그림이다. 따라비오름은 탐라순력도와 해동지도 제주삼현
도에도 등장하는데 이두식 표기로 다라비(多羅非)라 쓰여 있
다. 여러 의견이 있지만 땅하래비의 준말이라는 해석이 지배
적이다. 표고 342m, 비고 107m의 이 오름은 크고 작은 봉우
리 여섯 개가 산맥처럼 이어진 데다 분화구도 셋이나 되는 매
우 독특한 형태를 지니고 있어 변화무쌍한 매력을 뿜어낸다.
수십 년 전 대대적인 조림사업이 진행되기 전까지는 민둥산이
라 가을이면 억새꽃이 가득 피어나 장관을 이루기도 했다.

쫄븐갑마장길은 이 오름 둘레를 굽이돌아 잣성의 돌담이

늘어선 길로 이어진다. 원나라가 탐라총관부를 설치하며 목마장이 국책사업으로 진행된 이래 조선 말까지 제주에는 열 곳의 목마장이 있었는데 이를 10소장이라고 한다. 가시리 산야는 열 번째인 10소장에 속했는데, 그와 별도로 최상등의 말을 기르는 갑마장을 설치해 좋은 말을 길러냈다고 한다. 갑마장길에서 만나는 잣성은 10소장의 중잣성과 간장(間牆)의 돌담이다. 중잣성이란 10소장의 목마장 모든 곳이 지대에 따라 셋으로 구분되었던 경계를 이른다. 각 소장 안에 상잣성, 중잣성, 하잣성을 두었던 것이다. 잣성은 잣담이라고도 부른다.

잣성 잣담이라고도 부르는 잣성은 조선시대 가시리에 있던 목마장과 갑마장(최상등의 말을 기르는 곳)의 경계를 구분하기 위해 쌓은 담이다. 위치와 목적에 따라 상잣성, 중잣성, 하잣성, 간장, 갑마장 잣성 등으로 구분했다.

가시리의 간장(間牆)은 10소장과 갑마장의 경계를 분명히 하려고 만든 잣담이다.

이 잣성들은 갑마장의 유적으로, 오늘날 가시리의 자랑임이 분명하다. 그러나 역사의 이면을 들여다보면 수난의 흔적이기도 하다. 원나라와 고려를 거치며 조선까지 이어진 목마장은 군마와 역마 등을 조달하는 국가 차원의 시설이었다. 목마장 운영을 위해 제주 사람들은 말을 기르거나 잣성을 쌓는 부역에 끊임없이 시달렸다. 더군다나 거친 화산 토양에 돌까지 많아 가뜩이나 농지가 부족했는데 한라산을 중심으로 제주도 전역을 에둘러가며 열 곳의 목마장을 설치하는 바람에 제주 사람들은 식량 자급조차 어려웠던 것이 사실이다. 잣성 중 하잣성도 백성들이 농지를 개간하지 못하도록 막아놓는 시설이었다. 지금에야 말의 필요성이 사라진 시대라 역사문화유산으로 소중하게 여겨지지만 이고 지고 돌을 나르며 노역에 시달렸던 옛사람들의 포한도 함께 바라봐야 하겠다.

제주도 목마장의 역사는 '말은 나면 제주로 보내고 사람은 나면 서울로 보내라'라는 해묵은 속담 하나로 이면이 드러난다. 뭍사람들은 말의 고장이라는 걸 강조하는 레토릭 정도로 여기겠지만 제주 사람들의 입장에서는 전혀 다른 속담이다. 말보다 못한 것이 제주 사람이라는 뜻으로 들리니까.

07

김녕리
무엇보다 뜨겁게 타올랐던 용암의 마을

구좌읍 김녕리는 아득한 옛날부터 사람들이 촌락을 이루고 살았던 곳으로 유명하다. 마을 곳곳에서 선사시대의 토기와 패총, 동굴집자리까지 수많은 유물과 유적이 발견되었고, 역사시대에 들어선 후에도 고려조부터 김녕현, 김녕촌, 김녕포 등의 이름으로 여러 문헌에 등장한다.

김녕리는 제주의 대표이자 우리나라의 대표인 한라산을 탄생시킨 '용암'의 수만 년 내력을 지닌 마을이다. 유네스코 세계자연유산으로 등재된 만장굴과 김녕굴을 비롯해 현재까지 확인된 용암동굴만 여덟 곳이나 되니 가히 용암의 마을이라고 부를 만하다.

널리 알려진 만장굴과 김녕굴은 재미있는 사연도 간직하고 있다. '만쟁이거멀'로도 불리는 만장굴은 주변 사람들에게 깊은 굴이 있다는 소문만 나돌고 그 실체가 제대로 밝혀지지 않았던 곳인데, 1946년 당시 김녕국민학교 교사였던 부종휴 선생이 자신의 제자들로 꾸린 꼬마 탐험대를 이끌고 최초로 탐사해 세상에 알렸다고 한다. 다섯 차례의 탐험은 변변한 탐사 장비도 없이 나무토막에 고무신을 붙여 밝힌 횃불 하나에 의지한 채였다고 알려졌다. 그 규모를 아는 지금 돌아보면 위험천만하고 무모한 탐험이었지만, 20살을 갓 넘긴 젊은 교사

만장굴 용암석주 만장굴 용암석주는 높이 7.6m로 세계에서 가장 큰 석주로 알려져 있다. 만장굴은 유네스코 세계자연유산으로 등재되어 있다.

의 열정에 동굴도 감복해 살포시 모습을 내보인 모양이다.

김녕사굴로도 불리는 김녕굴에는 전설이 하나 전해 내려온다. 수십 년 전 공전의 히트를 쳤던 드라마 '전설의 고향'에도 방영되어 널리 알려진 이야기다. 이 굴속에 거대한 뱀이 살았는데 해마다 젊은 처녀 한 명을 바치지 않으면 마을에 해코지를 해서 사람을 바치는 일이 번번이 일어나고 있었다. 이를 알게 된 제주목 판관 서린이 분개하며 직접 뱀을 무찌르겠다고 나섰다. 그는 처녀를 잡아먹으려 굴 밖으로 나온 뱀을 창검으로 찔러 죽였고 그 뒤로는 사람을 제물로 바치는 일이 사라졌다고 한다. 전설을 품은 김녕굴은 현재 일반인이 관람할 수 없어 아쉬움이 남는다.

이 밖에도 여러 동굴이 있지만 비교적 덜 알려져서 비밀스러운 한두 곳을 찾아 떠나는 여행을 해보자.

신화와 역사를 아우르는 비밀의 관문

먼저 찾아갈 곳은 '궤내기굴' 또는 '궤네깃굴'로 불리는 동굴이다. 마을 남쪽 농협창고 인근에 웃자란 팽나무 아래 숨죽여 있는 궤내기굴은 간석기 돌화살촉, 숫돌, 갈돌과 더불어 많은 토기가 발견된 석기시대 유적지다. 문화재 보존과 안전 문제 탓에 입구가 막혀 있지만 바깥에서도 안쪽을 살펴볼 수 있다.

이 굴은 일제강점기까지 마을 사람들의 성소로 기원을 올리던 곳이기도 하다. 4·3 이전까지도 돼지 한 마리를 통째로 바치는 '돗제'라는 굿이 성행했었다. 김녕리 안에 있는 신당 다섯 곳 중 한 곳인 이 당에 모신 신은 '궤네깃도'라고 불린다. 동굴을 뜻하는 '궤'와 '애기'가 합쳐져서 '궤네기'가 되었고 '도'는 신을 뜻한다. 돼지 한 마리를 통째로 바친다고 해서 궤네깃도는 '밥도 장군, 떡도 장군, 돗(돼지)도 전 마리(한 마리)'를 받는 거대한 식성의 천하장사 같은 신이다. 김녕리에서 한라산 쪽으로 멀리 떨어진 송당리의 수호신인 '금백조(여신)'와 '소로소천국(남신)' 사이에서 일곱 번째로 태어났는데, 부모에게 불효를 저질러 바다에 띄워졌다. 그럼에도 살아남아 용왕의 사위가 되더니 세상을 어지럽히는 난리까지 평정해 대군을 이끄는 장군의 지위에 올랐다. 대단한 출세를 이루자 고향 생각이 났는지 설레는 마음으로 금의환향했지만, 부모는 죽으라고 버린 아들이 대군을 이끌고 온 것을 보고 앙갚음을 하러 왔다며 제풀에 도망쳐버렸다. 결국 부모와 만나지 못한 궤네깃도는 바다를 향해 내려오다 이 마을의 수호신 중 하나가 되었다고 한다. 여전히 그를 기리는 김녕리 주민들은 궤내기굴에서 치성을 드리지 못하는 대신 제각각 집에서 돗제를 올리며 이 신을 위한다고 한다.

제주의 강은 땅속으로 흐른다

김녕리는 옆 마을 월정리와 더불어 '김녕·월정 지질 트레일 코스'로 유명하다. 유네스코 세계지질공원으로 지정된 뒤 개설된 이 코스는 총 14.6km에 이르며 완주에 걸리는 시간은 5시간 정도다. 9km의 '드르빌레길'과 5km 길이의 '바당빌레길' 두 가지로 나뉘는데, 앞서 여행한 궤내기굴도 지질 트레일 코스의 포인트 중 하나다.

궤내기굴에서 드르빌레길을 따라 마을 쪽으로 내려오는 길목에 이 마을 해녀들이 무시로 찾는 '성세깃당'이 있다. 용왕의 일곱 번째 아들이 김녕해수욕장 일대인 성세기해변으로 들어와 해상의 풍요와 안녕을 좌우하는 신이 되었다고 알려진 이곳은 작은 숲으로 둘러싸여 마치 동화 속에서나 만나는 비밀의 신전 같은 느낌을 준다. 해마다 음력 3월이면 동김녕 해녀들이 이 당의 신을 위해 '잠수굿'을 벌이는데 내부 공간이 너무 작아서 해녀탈의장에서 치른다. 굿을 치르는 날이 아니더라도 해녀들은 개인적으로 드나들며 안전을 기원한다고 한다.

성세깃당에서 다시 마을로 접어들면 김녕초등학교 동쪽 마을 안길에 철망을 두른 굴 하나가 보인다. 지질트레일 안내판을 곁에 둔 그곳은 '게웃샘굴'이다. 굴속에 사시사철 마르지 않은 물이 있어 '게웃샘물'로도 불린다. 조심스레 철망의 출입

문을 열고 계단을 내려서면 금세 입이 쩍 벌어져서 좀체 다물어지지 않는다. 굴속을 휘감으며 흐르는 물이 너무나 맑고 고와서 말이다. 지금은 식수로 쓰지 않지만, 여름에는 천연 에어컨이나 다름없어 마을 사람들의 발길이 끊이지 않는다.

제주도는 섬 전체가 한라산이라고 해도 과언이 아니다. '섬 하나 산 하나'라는 레토릭이 있을 정도인데, 거대한 화산 활동이 빚어낸 결과물이라 지상뿐 아니라 지하에도 별세계가 존재한다. 제주를 여행하다 보면 많은 하천을 만난다. 하지만 대다수가 물이 흐르지 않는 건천이다. 엄청난 강수량이 몰아오는 여름철에야 냇물이 요동치며 바다로 내달린다. 그래서 제주에는 강이 없다고 한다.

하지만 제주의 강은 게웃샘처럼 땅속으로 흐른다. 한라산 정상부터 바다에 이르기까지 그물처럼 얽혀 있는 지하 세계는, 만장굴 같은 거대한 동굴을 만들어내는가 하면 더욱 깊숙이 잠복해 낮은 곳을 향하는 지하수의 여로를 제공한다. 바다와 가까워졌을 때 지상으로 머리를 내미는 것이 게웃샘을 비롯한 제주의 강이다.

보이는 것이 전부가 아니기에

김녕해수욕장으로 널리 알려진 성세기해변의 물명줏빛 바다

덩개빌레 바닷가에 아스팔트를 깐 것처럼 까만 해안 풍경이 이색적인 덩개빌레는 화산 암반으로 뒤덮인 특별한 모습의 해변이다.

를 만끽하며 지질 트레일 코스를 따라 동쪽으로 걷다 보면, 바닷가에 아스팔트 광장이라도 만든 것처럼 넓게 펼쳐진 용암대지와 마주하게 된다. '덩개빌레'라고 불리는 곳이다. 뜨겁게 타오른 용암이 바다와 만나 그대로 굳어진 천연의 광장은 군데군데 수영장 같은 조수웅덩이를 품고 있어 발이라도 적시고 가라며 유혹한다. 지친 몸도 쉴 겸 고생한 신발에게도 휴식을 줄 겸 잠깐 탁족을 즐기시라. 그리고 발을 적시며 고개를 들어 바다를 보라. 만약 썰물이 이는 시간에 그곳에 닿았다면 세상 어디에도 없는 거대한 산 풍경을 만나게 될 것이다. 산의 이름은 '두럭산'이다.

'어디 산이 있단 말이야? 조그만 언덕 하나 없는데 무슨 헛소리람!' 당신의 눈은 정직하다. 분명히 산은 어디에도 없다. 하지만 김녕리 사람들은 있다고 말한다. 귀신이 곡할 노릇이다. 사실 두럭산은 썰물 때라야 살짝 머리를 드러내는 수중의 갯바위다. 어림짐작으로 봐도 승용차 한 대 크기나 될까 말까 한 크기다. 산이라면 뾰족하기라도 해야 할 텐데 평평하기까지 하다. 당신에게 보이지 않는 것을 보는 전설의 눈이 있다면 이 갯바위는 산이 분명하다. 물 밖으로 머리를 내민 두럭산을 골똘히 살피다 보면, 마을에서 바라다보는 한라산의 봉우리 (백록담)를 빼다 박았다는 것을 깨닫게 된다. 그래서일까? 마

두럭산 아담한 크기 탓에 썰물 때만 만날 수 있다. 백록담을 닮아 마을 사람들에게는 오랜 시간 영험한 산으로 여겨졌다. 근처에서는 물질을 금하며 어부도 바위에 절대 오르지 않는다.

을 사람들은 두럭산을 영험한 곳으로 여겨 해녀들도 이 근처에서는 물질을 금하며 어부나 낚시꾼들도 이 바위에 절대 오르지 않는다. 만약 금기를 깨뜨리면 날씨가 쾌청하다가도 태풍과 큰비가 내리는 등 마을에 재해가 일어난다고 믿는다.

전설에 따르면 두럭산은 제주섬을 창조한 여신 설문대가 바닷물로 빨래를 할 때, 빨랫감을 넣는 바구니로 쓰려고 만든 것이라고 한다. 또 다른 전설에는 한라산 백록담에서 세상을 구할 영웅이 태어나는 때를 같이해 두럭산에선 용마가 솟아난다고 한다. 눈을 감고 상상해본다. 물 밖으로 드러난 것이 두럭산의 최정상 봉우리라면 물속에는 얼마나 거대한 산이 버티고 있을까. 아마도 보이지 않지만 세상 모든 존재를 생각하라는 제주 사람들의 자연관을 담은 생태 교과서가 아닌가 한다.

08

선흘리 곶자왈
신의 정원 곶자왈에 스며들다

조천읍 중산간에 자리한 선흘1리는 마을과 숲이 구별되지 않을 정도로 대자연의 품에 폭 안긴 오목한 분지 마을이다. 지난 2007년 제주 화산섬과 용암동굴이 유네스코 세계자연유산으로 지정받으며, '유산지구 마을'이 된 이 마을은 동굴, 습지, 곶자왈 등이 유수의 자연경관을 자랑한다.

곶자왈이란 숲을 이르는 말인 '곶'과 잡목과 덤불, 그리고 바위가 어울린 지대를 이르는 '자왈'을 뭉뚱그려 낸 말로 근래에 만들어진 신조어다. 선흘1리 대자연의 보물들은 대부분 이 곶자왈 품에 안겨 있다. 제주에는 섬의 허파처럼 여러 곳의 곶자왈이 있는데 선흘1리의 곶자왈이 단연 으뜸이다. 국내 최대

규모의 난대 상록활엽수 지대이며 세계 유일의 희귀식물까지 움트는 자연의 보고인 이곳을 제주 사람들은 '선흘곶'이라고 부른다. 또, 동백동산이라고도 부르며 그야말로 '자연과 더불어 사는 삶'을 살고 있다.

선흘1리의 자랑은 자연경관만이 아니다. 역사가 깊은 마을이라 제주도 중산간 마을이 오랫동안 지녀온 목축문화와 무속신앙은 물론, 전설과 민요 등이 넘쳐나는 인문경관의 보물창고이기도 하다.

습지와 숲이 어울린 제주의 허파 속으로

동백나무가 많아 동백동산으로 불리는 선흘곶은 눈으로 감상하는 경치는 물론 학술적인 가치가 높아 일찌감치 1971년에 지방기념물 10호로 지정되어 보존되고 있다. 이 밖에도 2011년에 람사르습지, 2014년에는 세계지질공원 대표 명소로 지정되는 등 세계적인 주목도 받고 있다. 동백동산이라고 해서, 해발고도 92~147m에 이르는 138.6ha의 드넓은 숲에 동백나무만 자라는 것은 아니다. 한라산을 중심으로 제주도에 분포하는 167과 770속 1,819종, 121변종 59품종 등 총 1,990분류군의 식물 중 절반 가까이가 식생하고 있다.

특히 지구상 어느 곳에도 없고 오직 이 마을 선흘리와 구좌읍 김녕리에서만 자라는 제주고사리삼은 한때 이곳을 개발해 리조트 등 각종 위락시설을 건설하려던 계획까지 백지화시켜낸 동백동산의 오래된 주인이며 든든한 지킴이다. 제주고사리삼은 꾸지뽕나무, 참느릅나무 등의 낙엽활엽수 밑에서만 움트며, 비가 온 뒤 물이 천천히 빠지는 곳이라야 생명을 유지한다. 유난히 까다롭게 자리를 가리는 양치식물이다. 완전히 자라도 10~12㎝ 정도라 전문가가 아닌 일반인으로서는 다른 풀과 구분하기도 매우 어렵다고 한다. 2005년에 환경부 지정 멸종위기 야생생물 Ⅱ급으로 지정되었지만, 2000년대 들어 제주섬 전체가 난개발에 시달리면서 어쩌면 영영 사라질지 모르는 지경에 처해 있다.

동백동산의 속살을 엿보고 싶은 사람들은 1시간 코스인 탐방로를 이용한다. 동백동산습지센터에서 출발하는 탐방로는 도틀굴—상돌언덕—먼물깍—서쪽입구(시멘트길)—포제단을 거쳐 다시 출발지로 되돌아오는 루트로 구성되어 있다. 해설사와 동행하고 싶다면 동백동산습지센터나 리사무소에 연락하면 친절히 안내받을 수 있다.

동백동산에는 람사르협약 지정으로 보호받는 습지들이 많다. 특히 탐방 코스에 포함된 먼물깍 연못가에 앉으면 시간 가는 줄 모르고 돌부처처럼 굳어버리고 만다. 먼물깍은 먼 끄트

먼물깍 용암대지의 오목한 부분에 만들어진 못으로 사시사철 물이 마르지 않아 과거에는 마을에서 필요한 물을 이곳에서 길어 쓰기도 했다. 다양한 동식물이 이 호수에 터전을 잡고 있어 계절마다 눈부신 자연경관을 감상할 수 있다.

머리에 있는 물이라는 뜻인데, 너럭바위를 수조 삼아 터를 잡은 못이라 사시사철 물이 마르지 않는다. 이곳에는 제주도롱뇽, 북방산개구리 등의 양서류와 유혈목이, 비바리뱀 등의 파충류가 어울려 살고 있다. 시시때때로 총천연색의 팔색조부터, 해오라기, 동박새 등이 날아든다. 어쩌다 제주휘파람새가 지저귀며 먼물깍의 정경을 노래할 때면 몸도 마음도 자연 속으로 녹아내린다. 먼물깍에는 환경부 지정 멸종위기 야생생물인 순채꽃이 물 위를 수놓으며 깊은 운치를 자아내니 5.1km의 탐방로를 걷다 이곳에서 잠시 쉬어가는 것도 좋겠다.

깊은 숲에도 사람의 흔적이 있어

동백동산이 자연 일색만은 아니다. 이 숲에 기대어 자연을 거스르지 않고 공생하던 사람들의 흔적도 곳곳에 남아있다. 옛사람들이 이 숲에서 가장 많이 얻었던 것은 숯과 땔감이다. 땔감은 깊은 숲까지 들어오지 않더라도 가까운 잡목 지대에서 구할 수 있었지만 숯은 숲에 기댈 수밖에 없었다. 선흘리처럼 광활한 곶자왈이 있는 마을에 사는 사람들은 숯을 만들어 내다 파는 일로 생계를 꾸리던 이들도 있었다. 때문에 동백동산의 밀림 속으로 접어들면 숯을 만들었던 가마의 일종인 '숯굴'의 흔적과 만날 수 있다.

화석연료가 보급되기 이전인 1960년대 초까지 제주 사람들의 일상생활에서 숯은 절대적으로 필요한 존재였다. 뭍과 달리 연료 사정이 좋지 않아 대부분의 가정에서 주기적으로 일정량의 숯을 확보해야 했는데, 숲과 멀리 떨어진 마을에서는 숯을 사는 것 말고는 달리 방법이 없었다. 이런 탓에 선흘리 사람들은 종종 판매할 요량으로 숯을 만들었는데 굴참나무, 졸참나무, 가시나무가 빼곡한 숲속에 숯굴을 만드는 일이 첫 번째 작업이었다. 숯굴은 평지에 만들어 일회적으로 사용하는 흙 가마와 여러 차례 쓸 작정으로 현무암을 쌓아 만든 돌 가마 두 가지가 있었다. 현재 동백동산에 남아있는 숯굴터는 모두 돌 가마다. 숯굴이 완성되어 나무를 재면 불을 지피기 전에 좋은 숯만 만들어지길 기원하는 고사를 지냈다. 이윽고 불을 지피면 2~3일 동안 불을 관리하며 숲속에서 비박을 했다. 그렇게 만들어진 숯을 마소에 싣고 멀리 조천장, 함덕장까지 운반해 팔리기를 기다렸다. 그러니 마을 사람들에게 이 숲은 자신을 희생해 사람을 살려낸 대자연의 어머니가 분명하다.

숲에 남은 사람의 흔적은 숯굴만이 아니다. 찢어지게 가난한 사람들은 숲속에 손바닥만 한 땅 조각이라도 보이면 나무를 베어내고 화전을 일궜다. 그 흔적을 나무를 쳐낸 밭이라고 해서 '친밧'이라고 불렀다. 지금은 탐방로를 벗어나야 볼 수 있어서, 직접 확인하기 어렵다.

또, 선흘1리는 중산간 마을답게 사냥을 업으로 삼는 이들이 많았다. 이들은 제주 사투리로 '사농바치'라고 부른다. 개가죽으로 만든 코트와 털모자를 쓰고 제주 토종 사냥개를 대동해 동백동산은 물론 멀리 한라산 깊은 곳까지 누볐다. 이들은 화승총으로 사냥하는 것에 그치지 않고 덫이나 올무도 곧잘 놓았는데 동백동산 속에는 겨울철에 노루를 잡기 위해 만든 '노루텅'이라고 불리는 돌로 만든 덫이 있었다. 한두 사람이 들어갈 정도의 넓이에 1m 남짓한 높이로 돌담을 쌓아놓은 것이 전부라서 정교한 부비트랩을 연상한다면 실망할 수

노루텅 겨울철 노루를 잡기 위해 돌로 만든 덫이다. 눈이 많이 쌓이는 곳에 1m 높이의 돌담을 쌓아두면, 빠진 노루는 눈을 헤어 나오지 못하고 사냥꾼에게 포획되었다.

도 있다. 그런데 다소 엉성해 보이는 돌담의 능력은 매우 뛰어났다. 보통 눈이 많이 쌓이는 곳에 노루텅을 만들면 숲속을 거닐던 노루들이 지나다가 이 속에 빠지는데, 눈을 헤어 나오지 못하고 갇힌 채 사냥꾼의 손에 꼭 포획되었다. 노루 사냥에는 분육(分肉)이라고 부르는 재미있는 전통도 얽혀 있다. 사냥꾼이 애써 노루를 잡아 돌아오는 길에 동네 사람과 마주치면 반드시 고기의 일부를 나눠줘야 하는 것이다. 사냥을 즐겼던 선흘1리 노인들은 "노루는 한라산 거니까 누구나 주인이다"라며 너나없이 나누는 공동체 정신의 단면이었다고 너스레를 떤다. 지금은 노루 사냥이 사라지며 분육의 전통 또한 옛말이 됐고, 노루텅 또한 흔적만 남았다.

동굴 속까지 몰아친 4·3의 피바람

7년 7개월 동안 제주에 몰아쳤던 4·3의 피바람은 이 마을에도 예외 없이 번졌다. 1948년 11월 제주 전역에 계엄령이 내려지자 군경 토벌대는 곧바로 해안선 5km 이상의 지역에 일제 소개령을 내려 중산간 마을의 모든 주민들에게 해안 마을로 이주할 것을 명령했다.

정작 주민들은 고향 집을 버리고 떠날 수 없었다. 그도 그럴 것이 짓던 농사며 기르던 마소를 두고 떠난다는 것은 죽으라는 말이나 다름없지 않은가. 더욱이 해안 마을에 거처가 있는 것도 아닌데 무작정 내려가면 어떻게 살란 말인가. 선흘1리 주민들은 며칠만 숨어 지내다 잠잠해지면 마을로 돌아오자며 동백동산 일대의 도틀굴, 벵듸굴, 목시물굴 등지로 들어갔다. 말하자면 피난이었는데 마을을 전부 불태운 토벌대가 동백동산을 수색하자 굴속에 숨어 있던 마을 사람들이 발각되고 말았다. 가장 먼저 발각된 도틀굴에서는 굴속으로 수류탄을 던지고 기관총을 난사해 주민들을 끌어냈다. 그 자리에서 18명이 곧바로 죽임을 당하고 나머지는 함덕으로 압송되어 모진 고문을 받았다. 토벌대는 도틀굴에서 벵듸굴까지 샅샅이 뒤져 사흘 동안 100여 명의 주민들의 목숨을 빼앗았다.

이십여 년 전 동백동산이 너무 좋아 1년을 머물렀던 시절, 내게 집을 세 내준 할아버지는 목시물굴과 벵듸굴에 숨었다가 천운으로 살아남은 분이셨다. 그분의 증언이 없었다면 억울한 희생은 동굴 속 칠흑 같은 어둠에 영영 갇히고 말았으리라.

09

종달리
바다와 오름의 파노라마는 갈댓잎에 살강대고

구좌읍과 성산읍의 경계에 있는 종달리는 섬, 바다, 오름을 한번에 품은 마을로 최고의 경관을 자랑한다.

팔백~육백년 전 생겨났다는 이 마을의 이름에는 '섬의 끄트머리'라는 이채로운 해석이 담겨 있다. 애초에 '종다리'라고 불렸는데 한자 표기로 종달(終達)을 쓰며 비로소 제주 섬이 완성되었다는 뜻으로 풀이했다. 옆 마을인 성산읍 시흥리가 '비로소 흥하는 마을'로 제주의 출발점이라면 종달리는 도착점이라는 그럴싸한 해석이 널리 퍼져 있다.

발아래 바다, 어깨 위에 하늘이 머무는 곳

종달리에는 마을 안 어디에서도 보일 뿐만 아니라, 멀리 떨어진 곳에서도 우뚝 솟은 자태가 눈에 꽉 차는 지미오름이 있다. 바다 가까운 곳에 봉긋하게 솟아오른 이 오름은 해발고도 165.8m, 비고는 160m다. 해발고도와 비고의 차이가 작은 것만으로도 오름이 바다 가까이 자리했다는 사실을 알 수 있다. 북쪽을 제외한 나머지 세 방향에서 오름은 원추형으로 보인다. 하지만 북쪽에서는 뾰족한 삼각봉이 아닌 봉우리가 두 개로 나뉘어 보여 색다른 인상을 준다.

지미오름 높이 165.8m로 우뚝 솟은 지미오름은 종달리 어느 곳에서도 한눈에 보인다. 귀한 식물 가득한 천연 식물원으로 알려져 있는데, 식물이 동서남북 사면에 나뉘어 자라고 있어 오르는 길에 따라 다른 초목을 만날 수 있다.

지미오름 정상에서 내려 본 전경
20~30분이면 정상에 오를 수 있는
지미오름은 바다 가까이에 있어 특별
한 전경을 선물한다. 푸른 제주 바다
와 반듯하면서도 개성 넘치는 제주
밭이 어우러져 그림 같은 풍경을 자
아내고있다.

지미오름은 바다와 가까운 탓에 해안가에서 자주 볼 수 있는 식물들이 가득 들어차 있다. 까마귀쪽나무, 사스레피나무, 예덕나무, 상동나무, 해송 등이 숲을 이루고, 찔레꽃, 제비꽃, 털머위, 돌토끼고사리, 자금우, 개구리발톱 등의 풀꽃도 만발하여 자란다. 귀한 식물 가득한 천연 식물원인 셈이다. 식물학자들 말에 따르면, 지미오름의 식물들은 동서남북의 사면에 나뉘어 자라고 있어서 어디로 오르는가에 따라 다른 초목을 만날 수 있다고 한다. 수풀의 식생을 제대로 맛보고 싶다면 20분 정도 걸리는 1.3km의 둘레길을 천천히 거닌 뒤 정상에 오를 것을 권한다.

무엇보다 지미오름의 백미는 정상이다. 종달리가 속한 올레 21코스는 동쪽으로 우도와 일출봉이 보이고 서쪽으로는 행원리와 월정리의 해변까지 눈에 들어온다. 파노라마처럼 펼쳐진 오름만 해도 식산봉, 대수산봉, 말미오름, 다랑쉬오름 등, 멀리 한라산까지 굽이치는 수십 개의 연산연봉이 열두 폭 병풍처럼 환상적인 자태를 드러낸다. 오름 밑자락에 자리한 알록달록한 빛깔을 자랑하는 지붕들과 빼어난 라인을 자랑하는 돌담 행렬은 오래된 성당의 스테인드글라스처럼 반짝거린다.

언 몸을 녹이고 거친 숨을 달래니

바람이 숨죽이고 파도만 잠잠하면 물때에 맞춰 사시사철 바다에 몸을 던지는 것이 제주 바다 해녀들의 숙명이다. 한 번 물에 들면 5~6시간 동안이나 수중 세계로 빨려 들어간다. 박명 같은 빛줄기에 의지해 웃자란 바다풀의 밀림을 헤적이며 전복과 소라를 찾아 헤맨다. 어쩌다 숨이 벅차서 물이라도 들이켜면 그것으로 끝이라는 물숨의 공포는 아무리 시간이 지나도 떨치지 못하는 두려움이다. 작업을 마치고 갯바위로 올라서면 그득한 망사리의 무게도 만만찮거니와, 바람 끝이 찬 날에는 통제력을 벗어난 이까지 주책스럽게 딱딱 소리를 내며 부딪친다. 지금처럼 고무옷이 보급되기 전에는 '물소중이'라고 불리는 저고리와 가슴께까지 올라오는 고쟁이를 입었는데, 물에 흠뻑 젖은 얇은 무명옷을 입은 채 바닷바람을 맞는 심경이란 어땠을지.

물질 뒤 해녀들이 천 근 같은 몸을 이끌고 모여드는 곳이 '불턱'이다. 불가에 두런두런 둘러앉아 차가운 몸을 덥힌다. 물질 채비도 이곳에서 한다. 지금이야 번듯한 현대식 건물로 해녀탈의장을 지어놓고, 보일러 깔린 방과 샤워장까지 장만했지만 1980년대 이전에는 제법 공을 들였다고 해봤자 블록에 시멘트를 바른 지붕 없는 담장이 전부였다. 그마저도 없던 시절에는 하늘이 뚫린 것은 당연하고 현무암을 얼키설키 쌓은 나머지 담 구멍으로 바람이 숭숭 새는 곳이거나 아예 천연의 바위 틈새가 전부였다.

종달리에는 이런 천연의 불턱들이 해안가에 수두룩하다. 그중에서도 종달리 서쪽 바닷가에 있는 '소농콧'에는 여러 곳의 불턱들이 몰려 있다. 소농콧에는 '돌청산'이라고 불리는 바위 언덕이 있는데 생긴 모습이 흡사 청산을 닮았다고 해서 이런 이름을 얻었다. 여기서 청산이란 일출봉을 이른다. 이 바위 언덕이 그 모습을 빼다 박은 모양새다. 소농콧해변에 난간이 놓이고 전망대까지 마련되어 있어 수많은 불턱들을 둘러보기가 편리하다. 거기에다 불턱마다 안내판이 서 있어서 어떤 곳인지 친절하게 설명도 해준다. 다만 한 가지 아쉬운 점은 해녀탈의장이 생겨난 뒤로 사용하지 않게 되어 온전한 불턱의 흔적을 찾아보기 어렵다는 점이다. 하지만 기암괴석을 감상하는 것만으로도 감탄사가 쏟아질 테니 그리 실망할 필요는 없다. 많은 불턱 자리 중에 몇 곳을 간추려보자.

먼저 '엉불턱'이다. 종달전망대 곁에는 염소머리라 불리는 기묘한 바위가 있다. 이 바위 주변을 염수부리코지라고 하는데 염소머리바위가 북서풍을 막아준다. 바위 곁에는 움푹 파인 곳이 있어서 물질로 언 몸을 녹이기에 안성맞춤이다. 움푹 파인 지형을 이르는 제주 사투리 '엉'에서 유래해 엉불턱이라는 이름이 생겼다. 엉불턱 서쪽에는 '족은영산이왓불턱'이 있다. 이곳은 기암괴석들로 즐비한 소농콧에 드문드문 자리 잡은 잔디밭을 이용한 불턱이다. 과거에는 시멘트 담장을 쌓아 인공의 불턱을 마련했다는데 지금은 사라지고 없다. 마지막은 소농콧 불턱 중에서도 가장 아름답다는 '고망난돌불턱'이다. 이 불턱은 커다란 바위들이 머리를 맞댄 채 아치형의 돔을 만들고 있어서 절묘한 모습을 발한다. 천연의 돔 안에 들어가 불을 피우면 열기가 온몸에 퍼질 듯하다.

제주 최고의 절경 속 신성

소농콧에 자리한 종달전망대 동쪽에는 신비로운 모습의 바위 언덕 하나가 솟아있다. 가까이 다가가면 바위에 납작 엎드려 자라난 키 작은 나무에 울긋불긋 오색 천 조각이 매달려 갯바람에 흔들린다. 이곳은 종달리 해녀들의 성소 중 한 곳인 '생개납돈짓당'이다. 바다의 풍요를 관장하는 용왕과 배를 지켜주는 선왕이라는 신을 모신다. 제주 해녀들은 단체로 모여들어 잠수굿이나 영등굿 등을 정기적으로 치르고, 개인적으로는 자신만의 날을 정해 바닷가의 당을 찾아가 정성을 들인다. 보통 사과, 배, 귤 등의 삼색 과일과 백지를 오린 지전과 삼색

생개납돈짓당 바다의 풍요를 관장하는 용왕과 배를 지켜주는 선왕을 모시는 성소다. 탁 트인 바다를 배경으로 왼쪽에는 우도, 오른쪽으로는 일출봉이 함께 보여 제주 신당 중 가장 아름다운 곳으로 꼽힌다.

126

천을 한 묶음으로 만든 물색, 메라고 부르는 쌀밥 등을 당에 바치고 물질의 안전을 기원한다. 혼자서 올리는 기도라 간단히 끝난다. 기도 끝에는 쌀과 향가지 등을 싼 주먹밥만 한 백지 뭉치를 바다에 던지며 용왕께 바친다. 이것을 '지'라고 하고 던지는 행위를 '지드림'이라고 부른다. 개명한 시대에 미신이라며 핀잔할 사람이 있을지 모르나 목숨 건 물질에 나서는 해녀들로서는 어느 한 곳 마음의 의지처가 필요했다는 것을 이해할 필요가 있다.

이곳에서 탁 트인 바다를 보면 그야말로 절경이다. 왼쪽에는 우도, 오른쪽에는 일출봉이 있어 삼백 곳에 가까운 제주의 신당 중에서 단언컨대 최고로 아름다운 곳이다.

언젠가 이 마을에 민속 조사차 들렀던 길에 마침 물질에서 돌아오는 나이 든 해녀 할머니를 거들어 무거운 망사리를 들어준 적이 있다. 어찌나 무겁던지 농담 삼아 한 마디 건넸었다.

"삼춘, 잘도 기운 쎄다예(어르신, 엄청 힘세시네요)."

"야, 이놈의 새끼야. 나가 기운이 쎈 거냐. 팔자가 쎈 거지."

해녀의 삶이란 그런 것이다. 슬프기도 하지만 그 가운데 웃음과 위트가 있다. 때론 더없이 처연해 보이고 때론 한없이 강인해 보이는 것이 해녀이며 우리 어머니들의 삶이다.

제주 최초의 소금밭

제주는 소금이 귀한 곳이다. 사면이 바다인데 소금이 귀하다고? 사면이 바다지만 갯벌이 드물고 무엇보다 비가 너무 많이 내려서 염전을 만들어도 바닷물을 땡볕에 말리기가 너무나 어렵다. 그런 탓에 옛날부터 뭍에서 대량의 소금을 구해왔다.

이런 제주에서 드물게도 종달리는 소금을 만드는 마을이었다. 지금은 마을 주변에 갈대가 무성한 습지나 농경지로 변신한 밭들이 많은데 이들 중 많은 곳이 소금을 만들던 염전이었다. 과거에는 모래밭이었던 이곳에 물지게로 바닷물을 지어 날라온 뒤 염수가 생길 때까지 기다렸다. 그 뒤에는 '간'이라고 부르는 염수를 소금가마로 운반해서 오랫동안 끓여 소금을 얻었다. 다시 말하자면 천일염보다 생산 공정이 까다로운 자염이다. 주로 한여름에 소금을 만들었다고 하는데 1950년대에 서남해안에서 생산된 천일염이 대대적으로 들어오면서 경쟁력에서 밀려난 뒤 종적을 감췄다. 그 뒤로 소금밭이었던 곳은 개간공사를 거쳐 논으로 변신했다가 다시 갈대밭으로 뒤바뀌었다. 쌀조차도 질이 떨어진 탓이라고 한다.

지금은 옛말이 되었지만 종달리 소금이 맹위를 떨치던 시절에는 소금 먹서리 실린 지게가 제주섬 모든 곳을 두루두루 누볐다고 한다. 종달리에서는 제주섬의 반대편 끝인 대정오일장까지 소금을 팔러 다녔다고 하니 이 마을 사람들은 발바닥에서도 소금 땀이 흥건하게 맺혔으리라. 이제는 추억으로만 남은 소금밭을 잊지 않기 위해 종달리사무소 앞에는 2020년 소금밭 체험 시설을 무료로 개방해 운영 중이다.

리사무소 인근 마을 안길에 들어서면 제주를 다룬 책들을 차곡차곡 모아놓은 독립서점 '책약방'도 있으니 여독을 잠시 풀고 가기에 안성맞춤이다.

10

제주해녀박물관
바다에 누워 하늘을 이불 삼는 해녀의 마을

사람도 때때로 광합성을 필요로 한다. 따사로운 햇볕이 그립고, 시원한 바람 끝에 풍욕이라도 하고 싶을 때 제격인 호젓한 바다가 있다. 나는 글감을 손에 쥐고도 쉽사리 장만하기 어려울 때, 종종 세화리에서 하도리까지 이어지는 기나긴 바다 기슭을 찾아가 '식물성 본능'을 되찾곤 한다.

뚜렷한 자료는 없지만 육백여 년의 역사를 자랑하는 마을 세화리는 구좌읍의 중심지로, 한학의 전통이 뿌리 깊은 마을이다. 6·25전쟁 당시 수많은 피난민 행렬이 제주로 이어질 때, 이 마을에도 뭍에서 내려온 사람들이 밀려들어 인구가 대폭 늘어났다. 당시 제주 시내에서도 드물다는 가설극장이 만들어질 정도였다.

세화리와 나란히 붙어있는 마을 하도리는 제주에서 해안선이 가장 긴 마을로 알려져 있다. 제주의 마을들은 보통 바닷가부터 시작해 한라산을 향해 2~3km가량 남북 방향으로 형성된다. 세화리만 해도 바다에서 멀리 떨어진 다랑쉬오름까지 마을이 형성되어 있었다. 하지만 하도리는 좀 다르다. 해안선을 따라 동서로 길게 이어진 마을로 긴 해안선을 지니게 된 것이다. 해안선이 길다는 말은 바다에 기대어 사는 사람들이 그만큼 많다는 뜻이기도 하다. 이를 증명하듯 하도리는 제주에서 해녀가 가장 많은 마을로도 유명하다. 하도리를 이루는 일곱 개의 작은 마을들은 저마다 해녀회가 따로 있을 정도로 제주에서 물질이 가장 활발한 마을이다.

저승과 이승을 오가는 해녀의 모든 것

하도리의 서쪽 끝이자 세화리의 동쪽 경계에 제주 해녀의 모든 것을 한눈에 살펴볼 수 있는 제주해녀박물관이 있다. 2006년도 개관 이래 지금까지 대단한 인기를 얻고 있다. 1전시실에는 1960~70년대 해녀의 삶을 담은 집을 재현한 공간이 있다. 제주의 전통 가옥을 재현해 방, 상방(마루), 정지(부엌), 고팡(곳간), 장항뒤(장독대), 통시(화장실), 우영팟(텃밭) 등이 생생한 모습으로 관람객의 시선을 사로잡는다. 각 공간마다 해녀 상을 비롯한 제주 사람들의 갈옷, 물허벅(물동이), 애기구덕(아기 요람), 지세항아리(물받이용 독) 등의 생활품이 자리 잡고 있어서 타임 슬립이라도 한 것 같은 기분이 든다.

2전시실에는 해녀들의 바다가 있다. 머나먼 우주비행사처럼 무시로 수중을 유영하는 해녀들의 물질을 소개하는 공간으로 빼곡하다. 해녀들의 손때로 눅진 테왁(부력 도구), 망사리(그물 망태), 눈(물안경), 빗창(전복 따는 도구, 제주에서는 전복을 '빗'이라고 함) 등의 도구와 물소중이며 고무옷 같은 소금기 진한 작업복이 전시되어 있다. 이 밖에도 물질의 기술과 방법을 설명하는 코너를 비롯해 제주 해녀들의 항일운동을 증언하는 각종 문서까지 다양하게 전시되어 있다.

3전시실은 이제 막 물질에 첫발을 내딛는 애기잠수가 노련한 상군해녀가 되기까지를 파노라마처럼 연출한다. 또한 해녀의 바다에서의 삶과 제주도를 떠나 뭍의 바다나 일본을 비롯한 다른 나라에서의 활동까지, 고향을 떠난 출향 물질에 대한 해녀들의 생애담을 영상으로 만날 수 있다.

어린이 해녀관은 제주 해녀를 테마로 한 각종 놀이 기구를 마련해 아동들이 뛰어놀면서 해녀의 삶을 마음에 새기는 공간으로 구성되었다. 이 밖에도 야외에는 뱃물질에 나선 해녀들을 태웠던 선박을 비롯해 다양한 전시물과 예술작품들이 전시되어 있고 뮤지엄샵에는 해녀문화콘텐츠공모전 등을 통해 개발된 다양한 소품과 서적 등을 판매한다. 최근에는 코로나19로 인해 제한적 운영 방침을 따르고 있어서 방문하기 전 확인이 필요하다.

가슴 속 요동치는 바다, 해녀항쟁

해녀박물관의 야외 전시물을 둘러보면 높다란 언덕 위에 우뚝 솟은 탑 하나가 눈에 들어온다. 제주해녀항일운동기념탑이다. 식민지 시대에 노도처럼 일어났던 제주 해녀들의 항쟁은 세계 여성운동사에서도 매우 드문 대단한 투쟁이었다.

일본은 조선의 국권을 빼앗기에 앞서 대한제국과 어업협정을 맺어 이 나라의 모든 바다를 유린하고 있었다. 끝내 조선이 강제 병합된 이후 그들의 수탈은 나날이 가혹해졌는데, 1920년대에 이르러서는 급기야 일본인 제주도사(濟州島司)가 해녀조합장을 겸하는 파행을 일으키며 해녀들을 착취하기도 했다. 그들이 모든 것을 손에 쥐고 전횡을 일삼는 것에 더는 참지 못한 제주 해녀들은 1932년에 마침내 집단 투쟁에 나섰다. 1월 7일 세화리오일장 날을 택해 하도리 해녀 300여 명이 밀려 나와 해녀조합의 전횡을 성토하며 당시 구좌면사무소까지 행진해 시위를 벌였다. 무장 경찰까지 출동하며 이들을 해산시키려고 했지만 막지 못했고 해녀들은 요구사항을 들어주겠다는 약속을 받아낸 뒤에야 해산했다. 하지만 약속이 지켜지지 않자 다음 장날인 1월 12일에 해녀들은 다시 모여들었다. 때마침 신임 제주도사로 부임해 초도순시에 나선 다구치 데이키의 자동차를 막아섰는데, 하도리뿐만 아니라 인근 마을에서도 속속 모여든 해녀들이 무려 640여 명에 달했다. 위기에 몰린 도사 다구치와의 담판 끝에 요구 사항을 관철했다. 하지만 이번에도 약속은 이행되지 않았고 이때부터 3개월가량 238회나 되는 크고 작은 시위가 이어지며 연인원 17,000명이 참가하는 항일운동으로 이어졌다. 이 과정에서 부춘화, 김옥련, 부덕량 등의 해녀가 주동자로 찍혀 검거되

제주해녀항일운동기념탑 해녀박물관의 야외 전시물 중 하나인 이 탑은 제주 전역의 해녀가 일제의 식민지 수탈에 항의하여 봉기했던 뜻을 기리기 위해 1998년 세워졌다. 제주해녀항일운동은 1932년 1월부터 3개월간 제주도민 17,000명이 참가했고, 시위 횟수만 238회에 달한다.

었고, 해녀 야학운동을 비롯한 항일운동을 이어오던 혁우동맹원들까지 옥고를 치렀다.

이 항쟁은 1995년 제주해녀항일운동기념사업회가 결성되며 다시 조명되기 시작했다. 이후 옥살이를 했던 부춘화, 김옥련, 부덕량은 독립유공자로 추서되었고, 해녀박물관과 나란히 지금의 기념탑이 세워지게 되었다. 당시 항쟁의 무대가 되었던 세화리오일장터는 지금 밭으로 변해 농경지가 되었지만 자리를 옮겨 살아있는 역사로 남아 있다.

밀물처럼 일어났던 함성은 사라졌지만 여전히 거친 물살을 헤치며 자맥질하는 해녀들이 있는 곳, 해녀항일운동기념탑 곁에 세워진 노래비에는 당시 불렸던 「해녀가」가 새겨져 있

해녀노래비 제주해녀항일운동기념탑 옆에 세워진 해녀노래비에는 해녀항일운동의 배후인물로 지목되어 투옥된 강관순 지사가 옥중에서 지은 해녀가가 새겨져 있다.

다. 이 노래는 해녀항쟁의 배후 조종자 중 하나로 지목되어 투옥된 강관순 지사가 옥중에서 짓고 면회를 온 지인에게 건네준 것으로 제주 해녀들의 가슴 속에 요동치는 바다를 담아낸 듯하다.

> 배움없는 우리 해녀 가는 곳마다
> 저놈들의 착취기관 설치해 놓고
> 우리들의 피와 땀을 착취해 간다
> 가이없는 우리 해녀 어디로 갈까

새하얀 모래 해변 앞 정겨운 오일장

세화리오일장은 1912년에 하도리 별방진성 안에 처음 생겼다. 그 뒤로 여러 차례 장소를 옮겨 다니다 1983년에 지금의 자리에 정착했다. 제주도 동부 지역의 오일장 중에서 가장 규모가 커서 멀리 우도에서도 이곳에 장을 보러 온다고 한다. 매달 5일과 10일마다 장이 선다.

제주에는 열 곳의 오일장이 있는데, 1일과 6일에는 함덕과 성산, 2일과 7일에는 제주시와 표선, 3일과 8일에는 중문, 4일과 9일에는 한림, 대정, 성산(고성), 서귀포시에서 장이 선다. 마을마다 5일에 한 번씩, 총 6일 동안 장이 열린다고 해서

모사랑개 세화리오일장은 바닷가를 눈앞에 두고 펼쳐져 더 특별하다. 하얀 모래 해변과 에메랄드빛 바다로 눈부신 바다 풍경을 즐길 수 있는 '모사랑개'는 세화리의 또 다른 자랑이다.

흔히 '한 달 육장'이라고 한다.

　　제주 해녀의 역사를 조명하는 현장이라는 것 말고도 세화리오일장이 특별한 이유는 또 있다. 아름다운 해변을 다정한 친구처럼 곁에 두고 있기 때문이다. 정겨운 시골 오일장의 정취에 빠져 여기저기 기웃거리다 밖으로 나서면 코앞에 탁 트인 바다가 보인다. 물빛이 비취색 물감이라도 풀어놓은 것처럼 아름답다. 거기에다 마치 그림처럼 새하얀 모래 해변이 눈을 홀린다. 세화리의 자랑 '모사랑개'는 이처럼 절정의 아름다움을 뽐낸다.

11

숨비소리길
지루할 틈 없는 거대한 자연 박물관

어린 소녀가 있었다. 걸음마를 배워 종금종금 올레길 밖으로 나설 나이가 되면 으레 바다에 뛰어들어 시간 가는 줄 모르고 자맥질 삼매경에 빠졌겠지. 또래 친구들과 어울린 물장난이 제 인생의 전부가 될 줄이야 어디 상상이나 했을까? 마냥 신났던 물놀이는 소녀의 모든 것이 되었다. 섬에서 태어나 바다에서 자란 인생이기에 그것이 운명이라는 걸 미처 깨닫기도 전에 소녀는 잠수(潛嫂)가 되었다. 누군가는 해녀라 부르고 또 누군가는 잠녀라 부르는, 바다가 된 수많은 소녀들은 밀물져 오는 파도에 몸을 싣고 하도리 바당(바다의 제주 사투리) 긴 해안선을 굽이굽이 감돌아들며 숨비소리를 새겼다. 길다 못해 아득하다는 하도리 바다에는 그들의 숨비소리와 철썩이는 바다의 노래가 애수로 흐른다.

지난 2018년 제주해녀박물관은 해녀들의 땀이 밴 삶터를 탐색하는 '숨비소리길'을 만들었다. 하도리 일대의 바닷가부터 묵정밭까지다. 해녀박물관에서 별방진성까지 둘러보는 여정 속에는 해녀들의 다채로운 삶이 깃든 장소들이 수두룩하다. 별방진성 너머 동쪽으로 이어지는 바닷가에는 앙증맞은 토끼섬이 있고, 바다의 풍요를 기원하던 성소인 각시당도 있다. 겨울이면 수만 마리의 철새로 바다와 하늘이 뒤덮이는 생명의 낙원도 있다.

바다와 섬을 가르는 돌의 쓰임새

제주에서 바다와 뭍을 가르는 경계에는 돌이 있다. 한라산이 가장 뜨겁게 타올랐던 먼 옛날, 바다와 만난 용암 물결은 거친 숨결을 그대로 굳혀가며 제주의 만물상을 만들었다. 어느 곳에서는 예리한 송곳니를 드러낸 야수처럼 거칠게 치솟았고, 어느 곳에서는 구들장처럼 평평한 너럭바위로 펼쳐졌다. 뜨거운 행렬을 벗어난 파편들은 포말처럼 흩어져 지천에 나뒹구는 돌멩이가 되었고, 파도에 씻기며 몽글몽글한 몽돌 해변으로 변신했다.

물질하는 해녀 제주에서 나고 자란 많은 소녀는 해녀가 되었다. 어린 시절 시작한 물놀이를 운명으로 받아들인 그녀들은 파도에 몸을 싣고 제주 바다 곳곳을 누비고 있다.

제주 사람들에게 돌은 삶의 터전을 떠받치는 주춧돌이었다. 밭담이며 집담이 그랬다. 돌은 땅 위에서만 요긴한 것이 아니었다. 천연의 갯바위들은 갖가지 해초가 뿌리 내리는 또 하나의 대지였다. 바다풀이 바위를 터전 삼으니 전복이며 소라가 수풀 속에서 자랐다. 제주 사람들이 '바당밧(바다밭)'이라고 부르는 것 대부분이 수면과 수중을 아우르며 붙박인 갯바위였다.

이들의 지혜는 갯바위에만 머무르지 않았다. 돌을 쌓아 포구의 방죽을 만들었고 조수 차를 이용한 원초적 어로 시설인 돌 그물(석방렴)까지 발명해냈다. 제주 섬의 동서남북은 환경과 문화가 다채로워 돌 그물을 지역에 따라 원, 줄, 다리, 원담, 갯담 등으로 불렀다. 면수동에서 창흥동에 이르는 하도리의 일곱 개 마을은 저마다 이런 갯담을 지니고 있어 자연의 이치를 거스르지 않고도 필요한 만큼 물고기를 잡는 생태적인 시스템을 이루어냈다.

숨비소리길을 알리는 이정표를 따라 면수동에서 동쪽으로 꺾어 해안 길을 걷다 보면 드문드문 안내판을 만난다. 바다가 넓은 만큼 하도리에는 안내해야 할 곳이 너무 많아서 일일이 소개하기엔 지면이 부족하다.

가장 먼저 만날 곳은 서동 바닷가의 '빌렛개성창'이다. 빌렛개는 암반 지대의 바닷가를 뜻하고 성창은 선창, 즉 포구를 이른다. 어촌마을이라면 어디에나 포구가 있기 마련인데 빌렛개성창이 유별난 점은 사람의 손이 닿지 않은 천연의 포구라는 사실이다. 용암이 만든 기다란 암반이 병풍처럼 둘러있어서 배를 대기에 안성맞춤이다. 근래에는 포구로 쓰이지 않지만 2000년대 초반까지도 작은 어선과 제주 특유의 뗏목인 '테우'를 정박하는 곳으로 쓰였다고 한다.

하도리의 옛 이름은 '별방'이다. 서문동에는 별방의 발원지인 별방진성이 있어 둔중한 성채를 자랑한다. 제주특별자치도기념물 제24호로 지정된 별방진성은 왜구의 침입을 막기 위해 1510년에 축조한 진지다. 이 성을 지을 당시 하필이면 큰 흉년이 들었고, 주민들은 초근목피로 허기를 달래던 와중에도 축성에 동원되어 죽을 고생을 했다고 한다. 오죽하면 너무나 배고픈 나머지 자기 대변을 먹어가며 돌을 이고 지며 날랐다는 말이 있을 정도다. 이렇게 힘겹게 쌓아 올린 진성은 오랜 세월의 풍파에 볼품없이 무너져 내렸다. 영영 사라질 뻔했지만 최근에 복원되어 과거의 모습을 되찾았다.

서문동을 지나 신동 바닷가에 이르면 '개숙개'에 닿는다. '궤숙개'라고도 불리는 이곳은 제주 해녀들의 끈끈한 공동체 정신을 엿볼 수 있는 바다 기슭이다. 하도리는 물론 제주의 해녀들은 서로를 제 몸처럼 아꼈다. 막 물질을 시작해 솜씨가 서툰 애기잠수는 아무리 애를 써도 수확물이 늘 쥐꼬리만큼이었다. 애기잠수의 풀이 죽은 모습을 본 상군해녀들은 그냥 넘어가지 않았다. 자신이 잡은 전복이며 소라를 하나씩 덜어 애기잠수의 망사리를 묵직하게 해줬는데, 이렇게 서로를 배려해 해산물을 나눠주는 것을 개숙이라고 했다. 개숙개는 물질을 마친 해녀들이 모여들어 애기잠수의 망사리를 채워주던 갯바위다.

바다밭에 서린 풍요의 기원

신동에는 해녀들의 공동체 정신을 보여주는 개숙개와 더불어 공동체 신앙의 단면을 보여주는 곳도 있다. 하도리에는 '삼싱당'이라고 불리는 본향당을 비롯해 여러 성소가 있는데, 그중에서 신동의 '각시당'은 온 마을 사람들이 모여들어 영등굿을 치르던 곳이다. '갯용녀부인'이라고 불리는 여신을 모시는 이 당(堂)의 영등굿은 1980년대 초반까지만 해도 일곱 개 마을 전체가 모여 깃발을 들고 온 마을을 누비며 진행됐다. 해상의 풍요를 기원하던 굿은 지금은 규모가 부쩍 줄어 당이 자리한 신동 주민들만 다니고 있다.

신동을 지나 동동을 거치면 굴동에 도착한다. 만약 썰물 때를 맞춰서 간다면 하도리 최대의 석방렴인 '멜튼개'에 이른다. 멸치 떼가 밀려드는 갯가라는 말뜻의 멜튼개는 바닷가에서 토끼섬 쪽으로 길게 뻗은 갯담이다. 만(灣)의 자연적인 지형을 살려 길게 쌓은 돌담으로 규모가 어마어마하다. 날씨가 화창한 날 썰물이 일면 옥빛 윤슬이 아름다움을 뽐낸다.

멜튼개 지척의 토끼섬은 '난들여'라고도 불린다. 토끼섬이라는 이름에는 또 다른 비밀이 숨겨져 있다. 썰물 때면 걸어서도 갈 수 있는 이 작은 섬은 우리나라에서는 유일하게 하얀 꽃이 피는 문주란 자생지다. 따뜻한 곳에서 자라는 남방 식물인

토끼섬 우리나라에서 유일한 하얀 문주란 자생지다. 남방 식물로써 아프리카가 원산지인 문주란이 해류를 타고 북으로 올라와 자라기 시작한 것으로, 여름이면 하얀 문주란으로 덮여 토끼처럼 보인다고 하여 섬 이름이 붙여졌다.

문주란은 해류를 타고 북으로 거슬러 올라와 이곳에 뿌리내렸다. 아프리카가 원산지라는 꽃이 머나먼 항해를 거쳐 예까지 왔다니 놀랄 일이다. 그 귀한 걸음 오래 지키려 문주란은 천연기념물 19호로 지정되어 보호받고 있다. 더욱 놀라운 것은 무리 지어 피어난 꽃다지다. 꽃이 흐드러진 여름이 오면 온통 하얀 문주란으로 뒤덮인 섬이 토끼처럼 보인다고 해서 토끼섬이라는 이름을 얻었을 정도다.

섬에는 굴동 해녀들의 성소인 '할망당'이 있다. 해녀들은 이곳을 매우 성스럽게 여긴다. 당이 자리한 바위 언덕을 함부로 올라가지도 않고 이 근처에서는 말소리조차 쉬쉬하며 큰 소리를 내지 않을 정도라고 한다. 만약 이 금기를 어기면 금세 큰바람이 일며 파도가 거칠어져서 물질은 물론 배도 띄울 수 없게 된다고 한다. 혹여 이 섬에 발을 디디더라도 각별히 조심할 것을 당부한다.

철새들의 겨울왕국에서 누리는 탐조

하도리의 동쪽 끝 마을 창흥동은 널따란 모래 해변과 민물과 짠물이 뒤섞이는 기수역으로 유명하다. 바다가 깊숙하게 들어와 앉은 기수역 한가운데로 옆 마을 종달리를 잇는 다리가 놓였는데 이 일대를 일러 '숭에통', '용목잇개', '서느렝이' 등으로 부른다. 일 년 열두 달 어느 날이든 아름다운 곳이지만 겨울이야말로 최고의 비경을 자아낸다.

주인공은 수천 마리의 철새 떼다. 말 그대로 철새들의 겨울왕국으로 변신하는 창흥동에는 어떤 새들이 월동의 향연을 펼치고 있을까?

한라산 어딘가에서 발원해 긴긴 땅속 여행을 거쳐, 바다에 다다르면 지상으로 모습을 드러내는 지하수를 용천수라 부른다. 창흥동 철새 왕국은 이 물이 바닷물과 만나며 만들어졌다. 숭어, 새우, 조개, 검정망둑, 파래 등 먹잇감이 매우 풍부해서 겨울이면 30여 종의 철새가 몰려드는 것이다. 세계적인

하도리 탕탕물 지하에서 솟은 용천수로. 1980년대 도로 공사 중 물이 솟아난 자리에 물통을 만들어 두었다. 지금은 여름 피서를 위한 수영장이자 마을 주민들의 노천탕으로 쓰이고 있다.

희귀종인 저어새부터, 흰물떼새, 쇠오리, 물수리, 알락꼬리마도요, 쇠기러기, 흑기러기, 큰고니, 고니, 가마우지, 논병아리, 아비 등 다 열거하기 어려울 정도로 장사진을 이룬다.

칼바람이 잦아들고 철새들이 머나먼 북녘으로 떠나면 적적하고 그저 그런 바다가 되리라고 짐작한다면 오산이다. 곳곳에 용천수가 솟아나니 여름이면 천연 풀장에서 물장구치며 더위를 날려버릴 수 있다. 수도가 보급되기 전에는 용천수를 둘러싼 물통을 만들어서 식수는 물론, 빨래며 설거지 등 허드렛일을 하는 시설로 이용했다. 현무암으로 담을 두르고 목욕탕에 있는 커다란 욕조처럼 물을 가둔 물통들은 눈으로 보기만 해도 운치가 그만이다. 탕탕물, 서느렁물, 웃물, 알물… 기수역 주변으로 용천수 물통이 그득하다.

그중에서도 으뜸인 곳을 꼽는다면 단연 탕탕물이겠다. 기수역 가장 안쪽인 947-35번지 인근에 있는 탕탕물은 1980년대 도로 공사를 하던 중 물이 솟아나 물통을 만들어놓은 곳이다. 물이 어쩌나 세차게 솟아올랐는지 '탕탕탕탕' 소리를 크게 내서 탕탕물이라는 이름이 붙었다. 한여름 이곳에 몸을 잠그면 더위를 식히며 비경 속으로 빠져드는 색다른 맛을 느낄 수 있다.

12

아부오름
신들의 본향에 신성한 배꼽이 있어

아름다운 제주 바다가 그리워 섬으로 날아든다. 바닷길을 에
둘러 돌다 보면 문득, 한라산 가까운 땅심 깊은 곳은 어떤 모
습일지 호기심이 솟아오를 때가 있다. 그때 많은 사람이 떠올
리는 게 제주의 보물인 오름이다. 오름 지도를 펼쳐 제주 땅을
살피던 눈길은 구좌읍에서 멈춰지기 마련이다. 무려 마흔 개
의 오름이 빼곡하게 들어차 있기 때문이다. 그중에서도 으뜸
은 단연 송당리다. 마치 신의 부름을 받은 오름들이 카니발이
라도 펼치는 것처럼, 스물다섯 개의 오름이 송당리에 모여들
어 있다.

　제주 사람들은 해안에 가까운 저지대 마을을 '갯것이' 또는

'알드르'라고 부르고, 고지대의 중산간 마을을 '웃드르'라고 부른다. 직역하자면 갯것는 갯가, 알드르는 아래 들판, 웃드르는 위 들판쯤 되겠다. 그래서 웃드르는 한라산 가까이에서 많은 오름들과 함께 한다. 제주 사람들은 '드리송당'을 웃드르의 대표로 손꼽는다. 조천읍 교래리를 이르는 '드리'와 송당리를 합쳐 부르는 이름으로, 두 마을이 가장 높은 지대에 있어서 웃드르의 상징 삼아 생겨난 말이다.

스물다섯 개의 송당리 오름들은 저마다의 아름다움을 지녔다. 분화구의 모양만 놓고 봐도 말굽형, 원형, 원추형, 복합형 등 다양하다. 어떤 오름은 마을 공동묘지로 이용되는가 하면 또 어떤 곳은 농경지로 쓰이고, 천연의 상태 그대로인 곳도 있다. 저마다의 개성 가득한 오름 가운데 굳이 한 곳을 꼽는다면 '아부오름'을 택하고 싶다.

만생물을 품은 여신의 무쇠솥

마을 중심가를 기준으로 남쪽에 자리한 아부오름은 바다부터 높이를 잰 해발고도가 301.4m에 이른다. 오름 중 키가 큰 편인 것 같지만, 실제 산자락부터 높이를 잰 비고는 51m에 불과해 오름치고는 매우 낮은 곳이다. 하지만 높이에 콧방귀를 뀌며 올랐다가는 십중팔구 눈앞의 광경에 깜짝 놀라 뒤로 자빠지기에 십상이다. 크고 깊은 분화구의 깊이가 무려 78m나 되기 때문이다. 분화구 깊이가 오름의 높이보다 27m 더 깊으니 내려다보면 땅속으로 빨려들 것처럼 아득하다.

신화와 민속을 밑천 삼아 창작을 하는 나는 아부오름의 웅장한 분화구를 내려다볼 때마다 그리스신화에서 제우스가 대홍수 이후 세상의 중심을 찾았다는 이야기를 종종 떠올린다. 대홍수가 잦아든 뒤 제우스는 독수리 두 마리를 반대편으로 날려서 그들이 다시 만나는 곳을 세상의 중심으로 삼으려 했다. 마침내 두 마리 독수리가 서로 만나자, 제우스는 그곳에 자신을 대신해 아버지의 뱃속에 삼켜졌던 돌을 박아놓고 '옴파로스'라고 불렀다. 말하자면 '지구의 배꼽'인 것이다. 만약 제주섬에도 배꼽이 있다면 아부오름의 거대한 분화구가 아닐까?

애써 먼 나라 신화를 끌어오지 않더라도 아부오름의 분화구는 신성한 제주의 여신을 떠올리게 한다. 제주섬을 창조한 여신 설문대. 여신은 섬의 모든 것을 만든 뒤 자신의 해진 옷을 깁거나 빨래를 했고, 아궁이에 솥을 앉혀 밥을 짓기도 했다. 때때로 심심할 때면 커다란 바위들을 손바닥에 쥐고 공기놀이를 했다고도 한다. 제주도 곳곳에는 할망이 갖고 놀던 공깃돌 바위며 반짇고리를 얹었던 바위, 솥을 안치던 솥덕바위 등이 있다. 특히 솥을 안쳤던 바위가 많은데 정작 솥은 찾기

아부오름의 분화구 해발 301.4m의 아부오름은 지면에서의 높이가 51m에 불과하다. 반면 분화구 깊이는 78m에 다다라 오름 높이보다 분화구가 깊은 오름으로 유명하다. 분화구 안에는 삼나무가 자라고 있어 이색 풍경을 만날 수 있다.

힘들다. 어쩌면 크고 깊은 아부오름의 분화구가 모든 생물을 먹일 밥을 지을 때 쓰던 무쇠솥은 아니었을까 하는 엉뚱한 상상을 하게 된다.

아부오름의 이름에 대해서는 의견이 여럿이다. 한자 표기를 들며 근엄한 아버지를 뜻하는 '아부악(亞父岳)' 또는 아버지처럼 존경스럽다는 뜻의 '아부악(阿父岳)'으로 해석하는 사람들이 많다. 하지만 송당리 사람들의 이야기를 빌리자면, 마을 남쪽을 앞쪽으로 여겨 앞에 있는 오름이라는 뜻에서 유래한 압오름이 아부오름으로 변한 것이라고 한다.

아부오름은 등성이에 키 작은 소나무가 드문드문 자라있고, 분화구 안쪽에는 삼나무가 조림되어 있다. 워낙 민둥산이었는데 1970년대에 이르러 조림사업이 전국적으로 벌어질 때 나라에서 심은 나무들이다. 오름에는 숲을 가꾸려는 사람들의 마음이 깃든 소나무와 삼나무 말고도, 자생하는 나무며 풀꽃이 지천이다. 오름 사면의 등성이에는 산박하, 물매화, 꽃향유, 양지꽃, 쥐손이풀, 술패랭이꽃이 철마다 빛깔을 바꾸며 피어난다. 특히 우리나라에서는 제주도 동부 지역과 황해도 이북에서만 자란다는 피뿌리풀도 아부오름에선 드물지만 볼 수 있다고 한다. 나무도 여러 가지인데 상수리나무, 사스레피나무, 보리수나무가 곳곳에 뿌리내리고 있다.

솥덕바위 집채만 한 바위 세 개가 제주를 만든 여신 설문대가 솥을 안치던 흔적처럼 남아있다.

자연과 사람이 함께 부르는 노래

아부오름을 비롯한 송당리의 오름 자락에는 유독 한가로이
풀을 뜯는 마소 떼가 많다. 제주도 중산간 어디서나 볼 수 있
는 풍경이지만, 송당리의 목축은 오랜 역사를 자랑한다. 궁예
가 세웠던 나라 태봉국의 귀족이 제주까지 내려와 이 마을을
만들었다는 이야기가 전해질 정도니 목축의 원조라고 해도
과하지 않겠다. 원나라가 고려와 탐라국을 정복한 뒤 제주에
설치했다는 탐라총관부는 송당리의 초원 지대에 목마장을 만
들어서 목호들로 하여금 직영하게 했다고 한다.

요즘은 목축의 목적을 육류를 비롯한 가공식품 생산에 두지만, 현대적인 농업기술이 보급되기 전 제주의 박토에서 소와 말은 농사일의 주역이었다. 늦여름과 초가을 사이 보리농사를 시작할 때면 소를 동원해 밭을 갈았고, 늦겨울 보리 싹이 돋아나면 얼어붙은 땅속에 뿌리가 단단히 박히라고 말 떼를 밭에 몰아넣어 밟게 했다. 수확 철이 오면 마소가 이끄는 달구지로 추수한 곡식을 날랐고, 도정할 때에도 커다란 현무암으로 만든 연자방아를 돌리는 일 역시 마소가 도맡았다. 이런 마당에 소를 잡아 고기를 먹는다는 건 상상도 못 할 일이었으리라. 오죽하면 소를 가족처럼 여겨 생구(生口)라고 불렀을까.

　　오름 들녘에 풀어놓은 마소를 불러 모으거나 이들을 다뤄 농사일을 할 때는 「말 모는 소리」, 「소 모는 소리」라는 노래를 불렀는데 사람마다 선율도 박자도 제각각인, 음악적 규칙이란 없는 노래였다.

　　어려려려려려~ 어럴럴럴~ 럴럴럴~ 아허~~ 허어어어~ 허량 하량 월~~ 월월월월월
　　저 산 앞에 안개가 끼면 장남 두 이레 열나흘 논다허는구나 어려려려~ 월월월~

별다른 규칙이 없으니 음치라도 쉽게 부를 수 있을까 싶지만 정작 테우리들은 가장 어려운 노래라고 한다. 사람끼리 합창을 하거나 주거니 받거니 하는 노동요는 음악적 규칙이 있어 서로 호흡을 맞추기 쉽다. 반면에 마소와 함께 밭일을 하며 부르는 노동요는 절대적으로 동물의 호흡에 사람이 맞춰야 하는 탓에 더욱 어렵다고 한다. 자연과 인간이 함께 부르는 원초적인 음악이라는 것이다.

송당리 테우리가 고난도 노래를 구성진 소리로 뽑아내는 모습을 직접 볼 수 있는 기회가 열렸다. 근래 들어 이 마을의 수호신을 위하는 네 차례의 계절 의례 중 음력 칠월 백중 이틀 전에 벌어지는 '마불림제'를 축제처럼 꾸미기 시작한 것이다. 마을굿도 펼치고 테우리의 목축 시연도 벌이니 때를 맞춰 찾아가면 신명을 직접 만끽할 수 있다. 아부오름 정상에서는 테우리들이 마소의 건강과 번식을 기원하는 '테우리고사'도 재현하니 전통을 생생히 느껴보고 싶다면 백중날의 송당리를 놓치지 마시라.

아들 열여덟에 딸이 스물여덟이라

이쯤 되면 마불림제가 벌어진다는 성소(聖所)에 대한 궁금증이 솟는다. 여러 차례 이야기하지만 제주의 마을은 저마다 수호신을 모신다. 한 마을에 여러 신들이 있어 권능을 나누어 갖는데 그중에서도 최고의 신을 '본향신'이라고 하고 그들의 신전을 본향당이라고 부른다. 송당리 본향당은 제주 사람이라면 누구나 으뜸으로 치는 곳이다.

무슨 이유로 하고많은 신당 가운데 송당리를 으뜸으로 뽑을까? 그 이유는 송당리 본향당에서 모시는 금백조와 소로소천국의 부부신 신화 속에 있다. 먼 옛날, 바다 건너 뭍의 송악산 금모래밭에서 스스로 태어난 아리따운 여신 금백조는 천기를 살펴보며 배필을 찾고 있었다. 멀리 제주섬 송당리에 살던 거구의 장사 소로소천국이 눈에 들어왔고, 곧바로 남편감을 찾아 제주로 온 금백조는 뜻을 이뤄 소로소천국과 부부가 되었다. 이들 부부신 사이에서 아들 열여덟과 딸 스물여덟이 태어났다. 자식들은 제주도 북동부의 여러 마을로 흩어져서 저마다 본향당신이 되었고, 그들까지 자식을 낳으니 손자만도 일흔여덟에 이르렀다. 이들과 친척이 된 신들까지 합치면 삼백일흔여덟이나 되었으니 제주도 마을 신 중 절반이 이들 가문이다.

자손을 많이 낳아 제주도의 당신(堂神) 중 으뜸이 된 이들 부부신에게는 또 다른 에피소드도 있다. 금백조가 사냥을 즐기던 남편 소로소천국에게 농사를 지으라며 소 한 마리를 내

줬더니 냉큼 잡아먹은 것도 모자라 남의 소까지 배 속에 채워 넣은 뒤 제 몸에 쟁기를 묶고 밭을 갈기에 이른 것이다. 이에 화가 머리끝까지 치민 금백조는 소도둑이라며 남편을 쫓아내 버렸다. 쫓겨난 소로소천국은 송당리의 아랫동네인 '알손당'으로 내려가 사냥꾼들의 신이 되었다. 남은 금백조는 가장 윗동네인 '웃송당'에 터전을 잡았고, 그곳이 지금의 송당리 본향당이다.

이 신화는 송당리 주민들이 가축을 귀하게 여기는 정서를 반영하고 있다. 그 배경에 소를 비롯한 가축이 없으면 농사를 지을 수 없다는 자연 풍토가 녹아있는 것이다. 지금도 송당리 본향당에서는 매년 음력 1월 13일, 2월 13일, 7월 13일, 10월 13일까지 네 번의 계절제를 성대하게 치른다. 송당마을제는 제주도무형문화재 제5호로 지정되었다. 이곳에 가려면 최소한 3일 전부터 쇠고기와 돼지고기를 먹어서는 안 되는 강력한 금기가 있다. 만약 이 굿을 보고 싶다면 신앙을 떠나 이들이 세운 종교적 금기를 지켜주기 바란다. 여행은 여행지의 모든 것을 존중하는 것부터이니까.

13

함덕리
아름다워서 슬픈 서우봉해변

제주 최고의 해수욕장으로 각광 받는 함덕리는 제주 토박이에게도 여행자에게도 그저 관광 명소로만 비친다. 그도 그럴 것이 아름다운 해변에 호텔과 카페, 수많은 식당들이 숲을 이루고 있으니, 밤낮이 따로 없는 불야성은 함덕의 속살을 꽁꽁 감춰버린다.

전국 '리' 중에서 가장 인구가 많아 번화한 상업 도시로 꼽히는 함덕리는 제주에서 오랜 역사를 자랑하는 마을이기도 하다. 역사 속 기록만 보아도 이미 1200년대부터 등장하고 있으니 말이다. 고려가 원나라에 항복하자 이를 끝까지 거부했던 삼별초는 진도를 거쳐 제주로 들어와 저항군의 진지를 구축했다. 그러자 여몽연합군이 제주로 진입해 대대적인 전투를 개시했는데, 그 시작이 함덕해변에서부터였다. 그 후 마을이 커지기 시작해 오늘날에 이르렀다.

식민지 시대, 제주의 만세운동

함덕리를 찾아오는 사람이라면 열에 아홉은 해변으로 돌진한다. 그러나 한 번쯤 이 아름다운 해변을 품은 마을은 어떻게 생겼을까 관심을 가져보라 권하고 싶다.

현재 함덕리사무소가 있는 곳은 식민지 시대에도 마을의 중심가였다. 1919년 3·1만세운동이 전국에서 봇물 터지듯 터졌고 태극기의 물결은 제주까지 이어졌다. 그중에서도 조천읍 관내에는 일본 유학 등 다양한 경로로 신학문을 익힌 청년들이 유독 많았는데, 이들은 3월 21일 만세동산에 모여 대대적인 만세시위를 벌였다. 만세운동을 주도한 사람은 함덕리 청년인 한철영과 한백흥 등이 있었으며, 이들은 3월 23~24일 이틀 동안 지금의 리사무소 앞 비석거리와 장터에서 독립만세를 외쳤다고 한다. 지금도 리사무소 건너편 함덕의원 입구에는 함덕리 독립만세운동의 주역인 한백흥과 송정옥을 기리는 기념비가 서 있다.

이것 말고도 함덕리사무소 옆에는 마을의 역사를 기록한

비석들이 줄지어 서 있다. 그중에서도 단연 눈길을 잡아끄는 것은 '애도 동지 김재동 한영섭 송건호 부생종 군(哀悼 同志 金才童 韓永燮 宋健浩 夫生鍾 君)'이라고 새겨진 비석이다. 뒷면에는 '차디찬 흰 빛 밑에 늘니인 무리들아 고함쳐 싸우라고 피 흘린 동지였다'라는 옛 문투의 글귀가 있다. 1931년에 최초로 건립된 이 비는 일제에 의해 파괴된 뒤 1945년에 복원한 것이다. 이 비의 주인공들은 식민지 시대에 함덕리에서 청년운동을 이끌었던 인물들로, 야학운동은 물론, '아리랑 농촌의 설움' 등의 연극을 만들어 저항하는 등 활발한 활동을 전개했

애도동지기념비 식민지 시대 함덕리 청년운동을 이끌었던 김재동, 한영섭, 송건호, 부생종을 기리는 이 비는 1931년 처음 건립되었다가 일제에 의해 파괴된 뒤, 1945년에 복원되었다. 이들은 야학운동은 물론, 항일 연극을 만들어 공연하는 등 활발한 활동을 펼쳤다.

다. 특히 한영섭은 일본 유학 후 귀향한 뒤 문맹퇴치교육운동을 주도했었는데 젊은 나이에 병사한 비운의 청년이다. 그가 사망하자 마을 청년들은 '추도 적혁(赤革) 한영섭의 영'이라 쓴 만장과 구호를 내건 깃발을 장례식장에 세워놓고 추모했다. 추모 행렬에 참여한 사람들은 항일운동 주도 인물을 추도했다는 이유로 투옥되기도 했다. 여름의 낭만을 찾아 비췻빛 바다 함덕에 도착한 여행자 당신에게 말하고 싶다. 오늘 당신이 만끽하는 이 해변의 낭만이 피어나기까지 고향과 나라를 지키기 위해 온몸을 내던졌던 사람들의 이야기가 멀지 않은 곳에 있다고.

제주 최대의 멸치 어장이었던 함덕해변

아름다운 해변은 함덕의 자랑이다. 함덕의 아름다운 해변을 온몸으로 느끼고 싶은 사람들은 계절에 상관없이 몰려든다. 그만큼 매력적이라는 뜻이다. 탁 트인 수평선을 바라보며 해변으로 들어서면 장사진을 친 사람들 틈새에서 금빛으로 반짝이는 한 무리가 보인다. 가까이 다가가면 곧, 사람이 아니라 어부들의 조각상임을 알게 된다.

상투 머리에 한복을 입은 어부 여덟이 그물을 마주 잡아 펼쳐 들고 있다. 함덕리 사람들이 해수욕장 어귀에 이런 조각상을 세운 데는 특별한 이유가 있다.

1970년대 초 제주 관광이 본격화되던 때에 함덕리해변은 해수욕장이라는 타이틀을 내걸고 변신을 시도했다. 그전까지 이곳은 제주에서는 매우 드문 멸치 어장이었다. 온통 바다인 섬에 멸치 어장이 드물다는 사실에 고개가 갸우뚱할지 모르겠다. 하지만 제주 연안 대부분은 날카로운 현무암이 물 안팎을 뒤덮고 있어서, 그물을 드리워서 걷어 올리는 일은 엄두도 내지 못했다. 그물이 바위에 걸리면 십중팔구 찢어지기 때문이다. 바닷물 안팎이 고운 모래톱인 해변에서만 멸치잡이가 가능했는데, 고운 모래사장이 깔린 함덕리는 멸치잡이의 최적지였다.

한 가지 어려운 문제는 그물을 짜는 일이 워낙 어려워서 커다란 후릿그물은 고사하고 개인이 사용하는 작은 사이즈도 귀했다는 것이다. 그러던 1902년, 부산에 근대식 그물 공장이 생기자 마을 유지 한석봉이 나서서 후릿그물을 구해왔다. 이를 활용해 멸치잡이 조직인 그물접을 직접 만든 것이다. 한석봉의 그물접 위력을 본 마을 사람들은 너 나 없이 뛰어들었고, 함덕리에는 여덟 그룹의 그물접이 탄생해 '팔선진'이라는 별명을 얻기에 이르렀다. 이후 함덕 팔선진은 제주섬 전역에 소문이 났고, 멸치 또한 날개 돋친 듯이 팔려나갔다. 그렇게 호

팔선진 동상 함덕해수욕장 어귀에 세워진 조각상. 8명의 어부가 그물을 맞잡고 있다. 제주 최대의 멸치 어장이었던 함덕해변의 역사를 기록하기 위해 만들었다.

황을 누리던 팔선진도 엔진을 갖춘 발동선이 도입되면서 먼바다까지 나가서 멸치를 잡는 어업 기술이 개발되고 다른 수입원인 해수욕장까지 탄생하면서 역사의 수평선 너머로 자취를 감췄다. 여전히 그물을 놓지 못한 어부 여덟만 제주 최대의 멸치 어장을 추억하는 중이다.

거꾸로 이름 붙인 모래사장

함덕 바다의 변신은 여기서 끝이 아니다. 크게 세 곳으로 나뉘는 함덕해수욕장 해변은 서우봉에 달라붙은 곳이 가장 크고 서쪽으로 갈수록 작아진다. 따라서 모래톱의 크기에 따라 동쪽에서 서쪽으로 제1해변, 제2해변, 제3해변으로 불린다. 하지만 팔선진을 이끌었던 이 마을 사람들에게는 다른 이름이 있었다. 제3해변부터 차례로 큰사시미, 샛사시미, 족은사시미라 불렀다. 사시미는 '모래'의 제주사투리인 '모살'을 이두로 표기했던 한자어에서 유래한 말이다. 그런데 백사장이 작은 곳부터 큰사시미라 이름 붙인 것은 왜인지 선뜻 이해가 가지 않을 수도 있다.

밖으로 드러난 모래톱은 족은사시미가 제일 넓지만 바닷물 속으로 펼쳐진 모래밭은 큰사시미가 가장 너른 면적이다. 옛사람들은 수중의 모래톱을 기준으로 이름을 붙인 것이다. 레저를 중심에 두면 노출된 모래톱이 으뜸이지만, 멸치잡이 노동을 중심으로 보자면 후릿그물을 드리울 수 있는 모래밭이 중요했기 때문이다.

쪽빛 물결 속에 붉은 피가 흐른다

함덕해변의 자랑은 모래톱만이 아니다. 해변 동쪽에 바다 위로 솟아오른 오름이 하나 있으니, 또 하나의 명소 서우봉이다. 바다를 품고 있어 절경을 뽐내는 오름이지만, 서우봉에는 20세기 제주 역사의 아픔이 서려 있다.

일제강점기에 태평양전쟁을 일으킨 일본군은 옥쇄 작전을 세우고 자신들의 본토와 제주도에 최후의 진지를 구축했다. 그들은 제주도를 결7호 작전구역으로 정하고 중산간의 오름부터 해안 절벽까지 닥치는 대로 진지동굴을 만들었다. 동쪽의 일출봉부터 서쪽 끝의 송악산에 이르기까지 곳곳에 뚫어놓은 진지동굴은 서우봉에도 무려 20여 군데가 남아 있다.

서우봉의 참상은 진지동굴에 머무르지 않는다. 근현대사의 참극인 4·3의 무도한 학살 역시 벌어진 것이다. 1948년 12월 1일과 1949년 1월 19일, 평사동 위쪽의 '관뒷모살'(서우봉

생이봉오지 선흘리에서 끌려온 처녀가 처참한 모습의 시신으로 발견된 곳이다. 아름다운 함덕해변 역시 4·3의 무도한 학살 흔적이 곳곳에서 발견되었다.

북쪽 기슭 끝)에서는 20여 명의 청년과 노인이 학살되었다. 제주 독립운동의 주역 한백홍과 송정옥이 이때 목숨을 잃었다. 마을 사람들이 청년에게 총부리를 겨누는 토벌대를 향해 선량한 사람들을 죽이려 든다며 항의하자, 그들 역시 청년들과 함께 살해한 것이다. 독립운동가조차도 그들의 눈에는 빨갱이로 보였나보다.

해변을 따라 서우봉 자락으로 뻗어 나간 난간의 끝 지척에는 커다란 바위가 하나 있다. 꼭대기에 새 한 마리가 앉아있는 듯한 이 바위는 생이봉오지라 불린다. 이곳에서는 함덕리와 같은 조천읍 관내의 마을인 선흘리에서 끌려온 젊은 처녀 하나가 발가벗겨진 채 죽임을 당한 처참한 시신으로 발견되었다고 한다. 또, 오름 산책로의 북쪽 끝 절벽(몬주기알)에서는 선흘리에서 붙잡혀온 주민들을 총살한 뒤 시신을 절벽으로 떨어뜨렸다고 하는데, 몇 명이 희생되었는지 정확히 밝혀지지 않았다. 제주섬 어딘들 4·3의 광풍이 들이닥치지 않은 곳이 없다지만 서우봉과 함덕해변은 아름다워서 더 슬프다.

14

머체왓숲길
숲으로 가서 숲이 되는 트레킹

망망한 바다 한가운데 하늘에 닿을 듯 높이 솟은 한라산은 골골산산 계곡과 오름을 낳으며 바다와 어울렸다. 산은 바다를 그리워하여 깊은 골짜기로 맑은 물을 내려보냈다. 여름이면 엄청난 비와 만난 계곡이 크게 범람해 대지로 흘러넘쳤다. 자연히 많은 생명들이 그 주변으로 모여들었다. 그리하여 사람들도 하나둘 산세 깊은 곳으로 모여들었으니 제주섬 중산간에 자연과 공생하는 마을들이 하나둘씩 생겨났다. 남원읍 한남리도 그중 하나로 이미 3,500여 년 전인 신석기시대에 사람들의 보금자리가 마련된 곳이다. 신석기 말엽의 역사를 증명하는 거주지 유구들을 남긴 선사인들이 사라진 뒤, 한남리는 14

세기 이래 제주사에 등장하며 본격적인 마을로 자리 잡았다.

부등개 또는 부등냇개라는 옛 이름을 지닌 한남리는 서중천이라는 큰 하천이 마을 한가운데를 관통하는 마을로 농업과 목축으로 긴 세월 땅을 일궈온 사람들이 모여 사는 마을이다. 한라산 중허리까지 펼쳐진 임야에는 고리오름, 머체오름, 넙거리오름, 거린오름, 사려니오름 등이 둘러앉아 마소를 방목하는 목장들을 포근하게 감싸준다. 마을 면적의 72%가 초원지대이다 보니 목축에 적합해서 일찍이 몽골의 지배를 받던 시절부터 대규모의 목마장이 번성했다고 한다. 18세기 초에 그려진 탐라순력도 41점의 그림 중 한남리 일대의 국영목장을 그린 '서귀조점'을 보면 서귀진성 위쪽의 한라산 중산간 지대에 수많은 말들이 풀을 뜯는 모습이 보인다. 이렇듯 목축으로 이름났던 한남리에는 2000년대에 이르러 숲길이 조성되었다. 머체왓숲길은 옛사람들의 뒤안길과 천연의 생태계를 한눈에 둘러보는 잊지 못할 트레킹으로 이끈다.

아름다운 숲길의 세 가지 색

2012년에 첫선을 보인 머체왓숲길은 공개된 순간부터 대단한 인기몰이를 하며 각종 매스컴에 여러 차례 소개되었다. 2018년에는 산림청이 주최한 '제18회 아름다운 숲 전국대회'에서 공존상을 받기도 했다.

머체왓이라는 이름은 이 숲 가까이 있는 머체오름에서 비롯되었다. 머체란 제주 사투리로 지하에서 형성된 용암돔이 긴 시간이 흐르며 지상으로 모습을 드러낸 것을 이르는 말이다. 또 다른 의미로는 돌이 많거나 무더기를 이룬 지형을 이르기도 한다. 머체가 돌을 뜻한다고 해서 잘해야 큰 바위거나 잡석들이겠거니 짐작한다면 오산이다. 크고 작은 머체에 뿌리내린 나무들이 바위와 한 몸이 되어 기기묘묘한 판타지를 연출해 마주하는 족족 놀라움을 선사한다.

머체왓숲길 탐방은 한남리 산 5-22번지에 있는 머체왓숲길 방문객지원센터에서 시작된다. 들머리에는 머체왓숲길을 설명하는 큼직한 안내판이 서 있다. 약 2시간 30분을 소요하는 6.7km의 1코스 머체왓숲길이 가장 먼저 눈에 들어온다. 느쟁이왓 다리-방에혹-제밤낭 기원 쉼터-조록낭길-전망대-옛집터-서중천 전망대-서중천 숲터널-올리튼물-연제비도를 거쳐 다시 방문객지원센터로 돌아오는 여정이다. 2코스 머체왓 소롱콧길은 6.3km로 2시간 20분가량이 걸리는데 방사탑 쉼터-오글레기도궤-서중천 습지-서중천 숲터널-올리튼물-연제비도-방문객지원센터로 구성되어 있다. 3코스 서중천 탐방로는 하천을 따라 걷는 여정으로 용암바위-절터-용암제방-새끼줄용암-제한이곱지이궤-용수-고나물교로 3km의 구간이다. 다 돌아보는데 1시간 20분이 걸린다고 한다. 방문객지원센터에는 안내소와 더불어 족욕 카페, 식당이 있으니 탐방 전후에 다양한 휴식과 체험을 즐길 수 있다.

돌은 낭 의지 낭은 돌 의지

고민 끝에 코스 한 곳을 낙점한 뒤 방문객지원센터에서 나서면 곧바로 널찍한 초원이 펼쳐진다. 초원 한가운데 나무 한 그루가 절정의 풍경을 한층 더 곱게 수놓으며 방문객을 기다리는 인도자처럼 나를 바라본다.

나무의 유혹에 홀린 듯이 절로 발이 움직인다. 나무에 다가가는 사이에 동그랗게 돌담을 두른 오래된 무덤이 있다. 나무가 외로워서 함께 있는 것인지 아니면 그 반대인지 모를 일이다. 보통은 돌담을 겹겹이 쌓아 정방형의 겹담으로 만드는데 이 묘의 담장은 동그란 외담이다. 제주에서는 묘의 외곽을 두른 돌담을 산담이라고 하는데 마치 납작 엎드린 제주 초가의 울타리와 헷갈릴 정도로 닮았다. 봉분의 만곡은 초가의 지붕을 닮기도 했고 완만한 오름의 능선을 닮기도 했다. 이를 두고 어느 토박이 예술가는 제주삼선이라고 불렀다. 초가의 선, 묏자리의 선, 오름의 선까지, 이 셋이 쌍둥이처럼 닮았다. 초

머체왓숲길 어귀의 무덤 제주의 묘는 산기슭, 오름, 들판 곳곳에서 볼 수 있다. 묘 주변에 두른 돌담은 '산담'이라 부른다. 말이나 소로부터 훼손을 막고 산불이나 병충해를 막기 위해 쌓았다.

가에서 태어나 오름 자락에서 자라고 돌담 두른 묘에 묻히는 제주 사람들의 마음씨도 이처럼 만곡의 유연함을 지닌 듯하다. 계절을 잘 택해서 볕 좋은 봄날에 이곳에 오면 너른 벌판이 온통 하얀 눈 속에 파묻힌 모습을 볼 수 있다고 한다. 봄날에 눈이라니 무슨 말인가. 봄이 되면 벌판 가득 흐드러진 메밀꽃이 사방을 하얗게 물들여서 그렇다는 말이다. 메밀꽃 아찔한 향기는 또 하나의 선물이다.

무덤과 산담에 한눈을 판 사이 어느새 멀리서 봤던 나무가 코앞이다. 가까이 와보니 한 그루가 아니다. 수종이 다른 두 그루의 나무가 다정한 연인이라도 되는 것처럼 정겹게 기대어 서 있다. 그래서 이 두 그루의 나무는 '느영나영나무'라는 이름을 얻었다. '느영 나영'은 '너랑 나랑'이라는 뜻의 제주 사투리다. 2020년 TV 예능프로그램인 '바퀴 달린 집'에 출연했던 인기 절정의 나무다.

서중천 계곡을 따라 난 길로 접어들면 대낮에도 캄캄할 정도로 숲이 짙게 우거져 있다. 구실잣밤나무, 조록나무, 참꽃나무, 동백나무, 때죽나무, 황칠나무 등 식물학자가 아니고서는 도대체 알 수 없는 다양한 나무들로 밀림이 우거졌다. 구불구불 흐르는 숲길 곳곳에 잔돌이며 커다란 바위에도 넝쿨식물이며 이름 모를 풀꽃들이 둥지를 텄다.

놀라운 것은 드문드문 나타나는 커다란 용암돔 머체의 행렬이다. 석장승처럼 육중하게 솟아오른 큰 바위들이 한결같이 나무와 함께 있다. 여러 가지 나무들이 머체 위에 뿌리를 박은 것이다. 거인이 손을 펼쳐 바위를 쥔 것처럼 나무뿌리들이 바위를 감싸고 있다. 아예 바위와 한 몸이 된 나무들을 바라보자니 오래된 제주도 속담 하나가 떠오른다. 제주의 옛사람들은 '돌은 낭 의지 낭은 돌 의지'라고 했다. 낭은 나무를 이

머체에 뿌리내린 나무 머체왓숲길을 걷다 보면 커다란 용암돔 머체 행렬을 만날 수 있다. 깊은 숲이 우거진 곳에서는 머체에 뿌리를 박은 나무가 머체와 한 몸처럼 얽힌 모습도 자주 볼 수 있다.

174

르는 사투리다. 머체에 뿌리내려 바위와 한 몸이 된 나무를 두고 돌에 의지했다고 표현한 것이다. 돌의 입장에선 거꾸로 나무에 기대었다. 이 속담이 일러주려는 말은 서로서로 의지하며 살아가라는 것이다. 머체와 나무를 보면서 자연에게도 사회적 가치를 발견해낸 제주 사람들의 생태적 철학에 탄복하게 된다.

잃어버린 마을의 증언

숲이 짙어지다가 어느새 높다란 언덕이 되거나 푸른 벌판으로 변신하는 주위 풍광에 기염을 토하며 걷는 길은 곧게 뻗은 편백 군락지로 길손을 이끈다. 머체왓 숲속에는 편백 군락이 여러 곳인데, 그중 유독 눈길이 가는 곳이 있다.

편백 숲 사이로 엉성한 돌담이 덩그러니 나앉아있다. 얼핏 봐도 해묵은 돌담이다. 집터라고 보기에는 너무 작고, 앞서 본 무덤이라기에는 안이 텅 비었다. 숲속에 들어와서 일정 기간 머물다 일을 마치면 떠났던 이들이 남긴 흔적이다. 사람이 살긴 살았던 곳이지만 임시 거처였다.

한남리를 비롯해 남원읍과 표선면 중산간 일대는 제주에서도 유명한 고사리 산지다. 움막터를 남긴 주인공들이 숲속에서 했던 일은 고사리를 채취해 삶고 말리는 일이었다. 습도가 높고 숲이 울창해서 봄이면 온 천지가 고사리로 뒤덮인다. 그런 탓에 이곳은 예나 지금이나 봄이 오면 고사리를 채취하는 사람들로 북적인다. 요즘에야 재미 삼아 채취에 나서는 이들이 많지만 예전에는 그것이 생업인 사람들이 더욱 많았다. 그들은 고사리가 많은 숲이며 산속에 몇 날 며칠씩 머무르며 일을 하느라 움막을 지었다. 고사리를 채취하고 삶고 말려서 일정량이 차면 비로소 숲을 떠났다고 한다.

숲길 더욱 깊은 곳으로 빠져들면 조선말까지 유지되었던 목마장의 흔적인 잣성의 돌담과도 만난다. 머체왓의 잣성은 10소장에 이르는 제주의 목마장 중 9소장에 해당한다. 지금은 많이 훼손되어 허물어진 곳이 많지만 과거에는 수망리 물영아리오름까지 길게 이어져 있었다고 한다.

역사의 흔적을 되짚어가는 길에 만나는 것은 잣성만이 아니다. 머체왓숲속에는 4·3 이전까지 대여섯 가구가 두런두런 모여 앉아 마을을 이루고 살았던 집터가 있다. 이 깊은 숲속 마을은 목축을 생업으로 하던 사람들이 살았다. 그들은 제주 전역에 소개령이 내려지자 어쩔 수 없이 짐을 꾸렸다. 아름다운 숲속 마을을 뒤로하고 떠나는 걸음은 무겁기만 했다. 그들은 4·3이 어느 정도 진정된 뒤에 다시 마을로 돌아올 수 있었지만 이미 다른 곳에 터전을 마련한 터라 되돌아오지 않았다.

사람이 사라지고 칠십여 년이 지나는 사이, 허물어져 가는 돌담만 남은 터전의 새 주인은 나무가 되었다. 구들이며 통시(화장실), 정지(부엌)까지 뿌리내린 나무로 가득하다. 칠십년 긴 세월을 버티지 못하고 끝내 쓰러진 고목에는 버섯이 돋아나 사위어가는 기억의 색채를 보여준다. 누구라도 이 광경을 본다면 가슴께가 묵직하게 아려오는 증상을 느낄 것만 같다.

　머체왓마을의 옛터가 안겨준 처연한 여운이 정히 가시지 않을 때는 숲길 사이사이에 빼꼭히 들어찬 편백 숲으로 가시라. 산림녹화사업이 전국적으로 벌어지던 시절 제주의 오름과 숲에는 삼나무, 측백나무, 소나무와 편백 등을 대대적으로 심은 바 있다. 제주 곳곳에 뿌리내린 나무들은 오십여 년의 세월이 흘러 숲이 되었다. 머체왓의 편백 군락지도 그 시절에 태어났고, 이제는 향기로 짙은 숲이 되었다. 아토피에 그만이라는 피톤치드 향의 효능이야 길게 설명할 필요도 없고, 효능을 딱히 필요로 하지 않더라도 그윽한 향에 취해 머리도 가슴도 청명해진다. 수직의 몸통들이 빽빽하게 도열한 모습 속 귀를 잠재우는 적막은 고요 속에 잠기게 한다. 깊은 삼매에 든 선승의 명상이 이렇지 않을까 하는 생각마저 들게 만드니 한번 들어서면 좀체 나가지 못하고 눌러앉게 된다. 이대로 영영 나무 한 그루가 되고만 싶은 숲이 머체왓이다.

15

표선리
여신이 빚은 고운 모래밭

시원하다! 제주의 가장 동쪽 끝 표선리는 너른 바다를 가졌다. 끝도 없이 펼쳐진 백사장은 보는 것만으로 가슴이 트인다. 표선면에 소재한 표선리의 옛 이름은 '페선므르'. 팔백 년에 가까운 역사를 지닌 유서 깊은 마을이다. 먼 옛날부터 뛰어난 항해술을 지니고 있어서 제주 바다는 물론, 수평선 너머까지 드나드는 뱃사람들로 북적이던 마을이다. 이 마을 사람들이 바다를 호령하던 함성은 '당포' 또는 '당캐'라고 불리는 포구의 이름으로 일찌감치 유명세를 치러왔다.

화산섬인 탓에 해안가 백사장이 드문 제주에서 표선리는 어느 곳보다 곱고 흰 모래밭으로 소문난 곳이다. 썰물 때면 수평선마저도 넘어버릴 기세로 한없이 펼쳐지는 백사장은 광장처럼 넓고, 모래밭과 마른땅이 만나는 경계에는 모래언덕들이 즐비해 사막에 온 것 같은 착각이 들기도 하는 이국적인 바닷가 마을이다.

표선리 해안가의 모래언덕은 모래만 고운 것이 아니라 선사시대의 패총도 품고 있다. 이 조개무지에서는 선사인들의 생활 쓰레기라고 볼 수 있는 소라며 전복 등의 조개껍데기부터 원시의 숨결이 담겨 있는 토기 파편들까지 출토되었다. 해안의 사구가 소중한 유물을 이불처럼 포근하게 덮어 지켜온 것이다. 이뿐만 아니다. 역사시대에 접어들어서는 이 모래언덕 아래 백사장이 이어진 곳에서 소금을 생산하는 모래 소금밭을 일구기도 했다고 한다. 그래서 '소금막바당'이라는 별명도 갖고 있다.

이 마을의 해안사구에는 동굴도 있다. 1980년대 후반에 발견된 '표선굴'은 30m 정도라 비교적 작지만, 놀랍게도 세계적으로 드문 위석회동굴이다. 애초에 용암이 흘러가며 생겨난 동굴이 오랜 시간을 거치며, 석회동굴처럼 석회질 종유석과 석순을 장신구로 삼은 지질 형태를 이른 동굴인 것이다. 순백의 모래밭과 신비로운 동굴로 빛나는 표선리는 귀한 보물로 가득한 보물섬 같은 곳이다.

표선해수욕장 모래사장 표선해수욕장의 백사장은 마을의 수호신 당캐할망이 만들었다는 신화가 서려 있는 곳이다. 썰물 때면 해안에서 바다까지 거리만 500m가 넘는다.

여신께선 하루아침에 흰 모래밭을 만드셨다

표선리해변으로 들어서면 가장 먼저 만나는 곳이 표선해수욕장이다. 이곳은 근래 들어 '한모살'이라고 부르는데, 사실은 여기서 이어진 해안사구 지대를 이르던 말이고, 표선해수욕장은 하얀 모래가 많다는 뜻의 '흰모살개'라고 불렸었다. 1980년대 관련 연구자들이 이곳을 한모살이라고 정리해 버리는 바람에 지금까지도 혼동하는 사람들이 많다.

썰물이 일면 바다 쪽으로 무려 500m나 뻗어 나가는 백사장은 보기만 해도 오랫동안 앓아온 해묵은 고민마저 순식간에 하얀 모래처럼 깨끗이 지워버린다. 여름철이면 엄청난 피서객들로 북새통을 이루니 인파가 마뜩잖다면 스산한 가을이나 삭풍이 이는 겨울, 볕 좋은 봄날에 찾아도 좋다.

고운 모래가 보드라운 이 해변에는 모습만큼 아름답고 신비한 옛이야기가 깃들어있다. 전설에 따르면 부드럽게 밟히는 모래의 촉감은 거대한 여신이 내려준 기적의 선물이다. 이 마을의 수호신 중 하나인 '당캐할망'의 선물이다.

먼 옛날 이 모래밭은 깊은 바다였다고 한다. 어쩌다 태풍처럼 큰바람이 불어 닥치면 해일이 일어 배가 휩쓸려 가는 것도 모자라 마을이 온통 물바다가 되는 일이 잦았다. 잊을 만하면 터지는 큰 수해로 갖은 고생을 하던 마을 사람들은 마을을 지키는 본향당신부터 시작해 여러 신을 향해 손금이 닳도록 기도를 올렸다.

당캐할망이 이들의 간절한 기원에 감응했다. 인적이 드문 어느 날, 당캐할망은 해변과 가까운 '남초곶'에서 나무를 베어다 포구를 메웠다. 남초곶은 보리장나무가 빼곡한 숲이었다. 그날 밤, 밤새도록 바닷가에서 천둥 내리치는 소리가 들려오자 마을 사람들은 두려운 나머지 문밖으로 얼씬하지 못한 채 밤을 지새웠다. 우레 같은 소리가 잦아들고 날이 밝자 그제야 안도의 한숨을 내쉬며 문을 열고 나온 마을 사람들은 크게 놀랐다. 집 안에 있던 도끼와 괭이 따위의 연장들이 엉망이 되어버린 것이다. 퍼렇게 서 있던 도끼날이며 괭이가 무뎌지다 못해 전부 찌그러져 있었다. 그뿐이 아니었다. 외양간에 매어둔 소들이 모두 등가죽이 벗겨지거나 아예 터져버린 것이 아닌가. 집집에서 놀란 사람들이 망가진 연장을 들고나와 무슨 일이냐며 소란을 피웠다. 그러다 무심결에 바다를 바라본 이들은 질겁하고 말았다. 당캐할망이 밤새 마을의 도끼와 괭이를 절로 움직이게 해 나무를 베고 바다를 메우게 한 것이다. 소들의 잔등이 터진 것도 나무를 밤새 나른 때문이었다. 마을 사람들은 여신께 크게 감사하며 당캐포구 한쪽에 성소를 지었다. 이곳을 신전 삼은 여신은 그날부터 당캐할망으로 불리기 시작했다. 하루아침에 생겨난 은빛 모래밭을 밟게 되면 누구라도 여신께 감사의 마음을 가지는 것을 잊지 마시라.

창조주의 신전이 이 바다에 있어

당캐할망의 신전은 어떤 곳일까? 하루아침에 큰 바다를 메운 여신이라는데 궁금증이 솟구칠 만도 하겠다. 그렇다면 곧장 당캐포구로 가보자. 당캐포구는 제주올레 3코스와 4코스가 만나는 곳이다.

바다를 향해 포구로 들어서면 왼쪽에는 너른 모래밭을 자랑하는 표선해수욕장이 있고 오른쪽으로는 들쭉날쭉 널따랗게 퍼진 현무암 암반 지대인 갯가다. 암반이 펼쳐진 갯가에는 돌 사이사이에 조그만 모래톱과 흙밭, 조수웅덩이들이 드문드문 나앉아 있다. 이들은 저마다 풀꽃에게 보금자리를 내어준다. 갯가답게 해풍에 강하고 염분을 좋아하는 염생식물들이 이곳을 천연의 정원으로 만들어놓았다.

갯사상자, 사철쑥, 큰비쑥, 갯명아주, 갯까치수염, 갯쑥부쟁이, 갯완두, 갯강아지풀, 갯방풍, 갯질경, 순비기 등 온갖 식물들이 향연을 벌인다. 인근의 사구에도 이들이 퍼져 철에 따라 색다른 꽃들이 무리 지어 피어난다. 환경부 지정 멸종위기 야생생물 Ⅱ급 생물인 물수리가 날아들고 흰물떼새가 알을

당캐포구 갯가 제주올레 3코스와 4코스가 만나는 지점에 위치한 당캐포구는 탐라국 때 당과의 교역에 중심 역할을 했다는 데서 '당캐'라 불렸다. 지금은 '표선항'으로 부르고 있다.

낳기도 한다. 사구에는 까마귀쪽나무, 사철나무, 우묵사스레피, 해송 등이 뿌리 내려 모래바람을 잠재워준다.

당캐할망당은 표선해수욕장과 포구가 맞닿는 곳에 자리한 앙증맞은 기와집이다. 입구에 경비병처럼 선 안내판은 이곳이 어떤 곳인지, 당캐할망이 어떤 신화의 주인공인가를 알려준다. 본래 이름이 '세명주' 또는 '설명뒤'로 알려진 이 여신은 이 마을 본향당신인 '저바당한집'의 부인이며 한라산에서 솟아났다고 한다. 엄청나게 큰 거구를 자랑해 한쪽 다리는 성산일출봉에 걸치고 또 다른 다리는 한라산에 걸쳐놓고 빨래를 할 정도였다고 한다. 명주 아흔아홉 필을 구해 속옷을 만들었는데 가랑이를 가리지 못해서 사람들에게 한 필을 마련해주

당캐할망당 이 마을의 수호신인 당캐할망을 모시고 있는 신당이다. 작은 기와집 모양의 당캐할망당은 표선해수욕장과 당캐포구가 만나는 곳에 있다.

면 육지까지 다리를 놓아주겠다 약속했다는 일화도 있지 않은 가. 이쯤 되면 눈치 빠른 사람들은 어디선가 듣던 얘기라는 걸 금세 알아차린다. 그렇다, 당캐할망은 제주섬의 창조신 설문 대와 닮았다. 그래서 해석에 따라서는 세명주, 설명뒤가 설문 대의 또 다른 이름이니 당캐할망을 바로 창조의 여신 그 자체 로 보기도 한다. 이에 동의한다면 당캐할망당은 이 섬의 창조 주가 머무는 거룩한 성소이다. 사정이 이러하니 이곳을 찾게 되거들랑 이 마을 사람들처럼 예를 갖추고 함부로 행동하지 말 것을 부탁한다.

모래언덕은 뜨거운 피를 머금고

아! 어쩌란 말이냐. 칠십여 년 전의 아픔을 이 아름다운 해변 에서도 또다시 만나야만 한다. 표선리는 4·3 당시에도 면 소 재지여서 토벌대가 주둔하고 있었다. 당캐포구 위쪽부터 도 톰하게 솟아오른 사구가 바로 한모살이다. 한모살에서는 4·3 당시 표선면, 남원면 일대의 주민들이 끌려와서 떼죽음을 당 했다. 토벌대는 중산간을 초토화한 뒤, 그곳 사람들을 예까 지 끌고 와서 잔인한 만행을 저지른 것이다. 멀리 남원면 의귀 리, 한남리, 수망리 주민들도 끌려와 어른 가족 단위로 학살 을 당했다고 한다. 특히 1948년 12월 18일부터 일주일 동안은 표선면 토산리 주민 200여 명이 끌려와서 흰 모래 위에 붉은 핏물을 적시며 죽임을 당했다고 전해진다. 더욱 잔인한 것은 토벌대들이 표선리 청년들에게 철창을 건네며 사람을 죽이라고 협박했다는 사실이다. "빨갱이를 죽이지 않으면 너도 빨갱이"라는 으름장에 못 이긴 몇몇 청년들은 어쩔 수 없이 끔찍한 일을 할 수밖에 없었으니 그들 또한 피해자인 셈이다. 지금은 제주민속촌과 표선도서관이 들어서며 과거의 흔적을 찾기가 어려워졌지만, 도서관 입구에 서 있는 학살을 증언하는 팻말을 읽다 보면 가슴이 먹먹해진다. 1980년대까지만 해도 태풍이 불고 난 뒤 한모살 모래밭에서는 사람의 유골이 발견되고는 했다. 얼마나 많은 목숨이 이곳에서 절명했는지. 야속하게도 당캐할망의 가호마저 이들에게 미치지 않았다고 생각하니 제주섬은 슬퍼서 아름다운 곳인 것만 같다.

16

너븐숭이
통한에 잠 못 이루는 마을

밑자락을 푸른 바다에 적시며 발아래 섬을 그윽이 내려다보는 오름이 있다. 오름 아래 두런두런 모여 오름을 우러르는 조그만 섬 무리가 그림 같은 마을, 서우봉과 다려도가 바다를 배경으로 조우하는 북촌리는 그리움을 표현하는 영화의 한 장면처럼 아름답다. 8~90년대 장수 마을로도 널리 알려져 낙원처럼 보이는 이 마을의 깊은 속살에는 감히 상상하지 못할 상처가 감춰져 있다.

무남촌의 나락 속으로
제주섬 어딘들 4·3의 피바람이 비껴간 곳이 있을까마는 북촌리의 아픔은 유독 핏물로 흥건한 늪처럼 어둡고 깊기만 하다. 일제강점기에도 북촌리는 청년들을 중심으로 끊임없는 항일 운동을 벌였다. 누구보다 뜨거웠던 청년들은 해방 이후에도 자치 조직을 만들어 마을에 활력을 불어넣으며 희망찬 미래를 설계했다. 하지만 이런 청년들의 활동을 불순하게 여긴 경찰들과 간간이 마찰이 있었는데 1947년과 이듬해 사이에 경찰관 폭행과 납치, 살해하는 일까지 발생하기도 했다.

급기야 1948년 11월부터 대대적인 학살이 여기저기서 벌어지기까지 하자, 북촌리를 주목하며 단단히 벼르던 군경 토벌대는 기다렸다는 듯이 12월 중순에 주민 24명을 난시빌레라는 곳에서 집단 총살했다. 주민들이 학살당하는 일이 터지자 이번에는 무장대가 기습해 경찰 후원회장 등을 보복 살해하는 일이 벌어졌다.

꼬리에 꼬리를 물던 인명 살상은 1949년 1월 17일에 상상조차 할 수 없는 끔찍한 학살로 이어졌다. 이날 아침 주민들을 모두 북촌국민학교 운동장에 모이게 한 토벌대는 온 마을에 불을 질러 마을을 불바다로 만들었다. 그것은 시작에 불과했다. 북촌국민학교에서의 총격을 시작으로, 400명 넘는 주민들이 총탄의 희생양이 되었다.

사건이 있고 난 뒤 오랫동안 북촌리는 무남촌(無男村)으로

불리게 되었다. 어른 아이 할 것 없이 죽임을 당했지만 남자라
는 이유로 폭도의 혐의를 받고 죽은 사람이 넘쳐난 까닭에 생
긴 끔찍한 별명이었다. 하루 이틀 사이에 400여 명이 죽임을
당한 뒤, 해마다 이날이면 온 마을이 제삿집으로 변했다. 촛
불 아래서 흐느끼는 소리가 웅웅거렸으니 살아남은 사람들의
귀곡성은 마을을 뒤덮었다.

다시 몇 해가 지난 1954년 1월 23일이었다. 살아남은 이들
이 도저히 한을 풀 길이 없어서 국민학교 운동장에 꽃상여를
차려놓고 합동으로 넋을 달래는 제사를 지내려고 했다. 경찰
은 이마저도 제지했고, 주모자를 색출해 취조하기까지 했다.
함께 모여서 곡을 했다고 이날의 사건을 '아이고 사건'이라고
한다.

소설 『순이 삼촌』이 들춰낸 진실

서우봉의 아침도 여느 곳과 다르지 않아 동쪽 기슭으로 해가
떠오른다. 해를 따라 북촌리를 향해 걸으면 이 마을의 서쪽 끄
트머리인 너븐숭이에 닿게 된다. 그곳에 '너븐숭이 4·3 기념
관'이 있다. 기념관 안에는 북촌리 학살 당시의 희생자를 추모
하는 공간과 더불어, 사건을 낱낱이 기록한 전시물과 증언 영
상을 관람할 수 있다.

이 기념관이 자리한 너븐숭이 또한 4·3의 학살지 중 한 곳이다. 너븐숭이는 제주도 사투리로 널따란 바위 지대를 뜻한다. 이곳에는 희생자 위령탑이 마련되어 있다.

사실 위령탑보다 앞서 눈에 들어오는 것은 시비(詩碑)와 나란히 있는 '애기무덤'이라는 안내판이다. "1949년 1월 17일 학살 당시 어미의 품에 안긴 채 주검이 된 젖먹이 아기들의 무덤 20여 기가 아직도 남아 있다"라고 적혀있다. 유족들에 의하면 학살 당시에는 이곳을 찾을 엄두조차 낼 수 없어서, 1년을 훌쩍 넘긴 뒤에야 찾았다고 한다. 그때는 부패한 것도 모자

애기무덤 4·3의 학살지 중 한 곳인 너븐숭이의 위령탑 옆에 있다. 1949년 1월 17일 학살당한 젖먹이 아기들의 시신 20여 기를 수습해 무덤을 만들었다.

라 까마귀에게 뜯겨 만신창이가 된 시신들이 나뒹굴고 있었다. 유족들이 무연고자와 아기들의 시신을 그곳에 가매장하듯 수습한 것이 애기무덤으로 남았다.

너븐숭이의 너럭바위 사이에 드문드문 붙박여 있는 애기무덤들을 지나, 동쪽으로 조금 들어가면 움푹 파인 곳에 흩어져 누워있는 비석들을 볼 수 있다. 너븐숭이와 이어진 이곳은 '옴팡밭'이라고 불리는데, 이곳의 비석들은 당시 죽임을 당한 사람들의 시신들을 형상화한 설치미술 작품으로 하나하나 글귀를 품고 있다.

글귀는 다름 아닌 제주4·3을 사상 최초로 고발한 현기영의 소설 『순이 삼촌』의 구절구절이다. 4·3을 직접 겪은 소설가 현기영은 북촌리 학살을 배경으로 가상의 인물 순이 삼촌을 만들어 수면으로 떠오르게 했다.

1978년에 이 소설이 발표되자마자 현기영은 보안사에 끌려가서 구금을 당한 채 고문에 시달렸다. 4·3을 입에 올리는 것만으로도 빨갱이 혐의를 받아야 했던 엄혹한 시절이었다. 보안사에 끌려간 채 고문하는 군 수사관의 질문에 현기영은 다음과 같이 대답했다고 한다.

"비극적인 참사를 밝히지 않으면 또다시 전철을 밟을 것 아니냐."

칼바람에 나무는 허리를 굽히고

마을 안길로 들어서면 높다란 언덕 위에 어린 왕자의 바오밥과 닮은 일단의 나무들과 맞닥뜨린다. 제주의 마을이라면 어디에나 있는 팽나무다. 여행자들에겐 이국적인 풍모의 야자수가 낭만적일지 모르나 그것은 이 섬의 토박이가 아니라 80년대에 수입해온 외래종이다. 제주 사람들로서는 팽나무가 살가울 수밖에 없다. 매서운 해풍에 맞서는 질긴 생명력을 닮고 싶어서인지도 모를 일이다.

팽나무들이 웃자란 이 언덕을 당동산이라고 부른다. 이 언덕에 마을의 신당 중 한 곳인 이렛당이 있기 때문이다. 언덕에 앙증맞은 돌담을 두른 이렛당을 살피시라. 그리고 이렛당 뒤편에 펼쳐진 밭 한 곳을 주목하시라. 그 밭의 이름은 '당팟'이다. 당 곁에는 있는 밭이라는 뜻이다. 당팟 역시 그날의 학살지다. 북촌국민학교에 끌려 나온 주민들 중 수십 명이 맨 처음 이곳에서 학살당했다. 살아남은 이들은 밭 전체가 피로 물들어 온통 붉게 보였다고 한다. 그 뒤로 몇 해 동안 이 밭에선 호박만 한 고구마가 풍성하게 자랐다. 하지만, 누구도 그것을 먹으려 들지 않았다.

당동산에서 서쪽을 보면 농협창고 뒤편으로, 허물어졌지만 밭담보다 훨씬 높은 담장이 보인다. 4·3 당시 마을을 불태운 토벌대는 남은 주민에게 성을 쌓아 생활하도록 했는데 그 일부가 남은 것이다.

탄환은 멈추지 않는다, 과녁에 이를 때까지

웃자란 팽나무가 애써 등을 돌려 바라보기 꺼리는 북촌리 바다는 어떤 모습일까? 걸음은 어느새 북촌리 포구를 발 앞에 대령한다. 그림 같은 다려도가 보이는 아담한 포구 한 귀퉁이엔 해묵은 기와집이 있다. 언뜻 봐도 사람이 사는 집은 아니다. 이 마을의 수호신을 모시는 신당 '가릿당'이다. 지금도 마을 사람들은 음력 이월이면 영등굿을 거하게 치르며 해상의

등명대 장작불을 태워 빛을 밝히던 재래식 등대다. 언덕 위에 세우고 장작에 생선 기름을 부어 태웠다.

안전을 소망한다.

기와집 뒤 언덕 바로 곁에 회를 발라 단단히 쌓은 탑이 있다. 탑 위에는 비석까지 곧추서 있다. 사실 이것은 탑이 아니라 등명대다. 등명대는 전등이 아니라 장작불을 태워 빛을 만드는 등대로, 도대, 관망대 등으로도 불린다. 제주의 바닷가 마을 포구에서 종종 볼 수 있다. 등명대는 일제강점기에 일본의 재래식 등대가 유입되었다는 설이 있는가 하면 제주 또한 오래 옛날부터 지녀왔다는 설도 있다. 생선 기름을 뿌린 장작으로 불을 밝히는 것은 매한가지다.

북촌리 등명대에는 설립연도가 일왕의 연호인 '대정사년 십이월률(大正四年十貳月律)'이 새겨져 있다. 그런데 해풍에 심하게 풍화된 탓에 형상이 기묘하다. 물론 전부 해풍 때문만은 아니다. 4·3 당시 주민을 학살한 토벌대가 마을을 누비며 걸핏하면 공포를 쏘아 사람들을 위협했는데, 당시 탄흔이 비석에 남은 것이다. 아무리 공포라고 해도 그들의 탄환은 어떤 것이든 과녁을 찾아 날아와 박혔다.

저 바당에 섬이 있어

등명대의 탄흔을 확인한 뒤엔 눈물 수건을 곱게 포개고 다시 다려도를 보라. 북촌리 사람들도 그러하였다. 아픔을 삭이려

고망난돌 커다란 바위 한가운데 난 구멍이 창문 같다고 하여 창꼼이라고도 부른다. 구멍을 통해 보는 다려도와 석양이 비경이라 제주 포토 스팟으로 손꼽힌다.

고 무던히도 다려도를 바라보며 다시 삶의 의지를 단단히 매 조졌을 테니까.

포구와 더불어 굽이지는 길을 따라 바닷길 동쪽으로 걸으며 다려도의 여러 포즈를 감상하면 가슴이 후련해진다. 후련함을 한층 더해 주는 것은 돌담을 예쁘게 두른 용천수 '용물'이다. 용천수란 화산섬 제주의 땅속으로 흐르던 지하수가 해안가에 이르러 위로 솟구치며 샘으로 변신하는 것을 말한다. 북촌리에는 여러 용천수가 있는데 그중에서도 다려도를 바라보는 용물이 가장 아름답다. 더운 날 만나면 풍덩 뛰어들어 제맛을 느끼고 싶은 충동이 일기도 한다.

다시 동쪽으로 100m쯤 걸음을 내디디면 커다란 바위가 둥근 구멍을 내보이며 유혹한다. 창문 구멍 같다고 해서 '창꼼' 또는 '고망난돌(구멍 난 돌)'로 불린다. 이 구멍을 통해 다려도를 앵글에 담는 것이 그만이라 포토존으로도 유명하다.

17

다랑쉬오름과 다랑쉬굴

오름 자락에 파묻힌 영혼을 찾아서

제주도에는 삼백육십여 개의 오름이 있다. 하루에 하나씩 쉬지 않고 올라도 꼬박 일 년을 채울 양이다. 제주에서도 북동부의 오름 군락은 실로 엄청난 장관을 연출한다. 천혜의 자연 경관을 만끽할 수 있는 곳으로, 오죽하면 '동원기봉(東原奇峰)'이라는 절찬이 생겨났을까. 그중에서 송당리, 평대리, 세화리 등의 구좌읍 중산간은 오름의 왕국이다. 수많은 오름이 저마다 개성을 뽐내며 갖가지 자태로 올라오라고 손짓한다. 마음 같아서는 제주의 모든 것을 창조했다는 여신 설문대처럼 거대한 몸을 얻어 이 오름에서 저 오름으로 성큼성큼 큰 걸음을 내딛고만 싶어진다.

많은 오름 중에서도 단연 높이 솟아 주위의 오름을 동생처럼 아우르는 것이 '다랑쉬오름'이다. 제주의 오름 중독자들은 다랑쉬를 '오름의 요정'이라고 부른다. 높게 솟은 정상에 올라서면 어마어마한 깊이의 절벽 같은 분화구가 펼쳐진다. 넓고 깊은 다랑쉬의 분화구는 요정의 눈물을 채우는 그릇 같다. 절경을 앞에 두고 청승맞게 웬 눈물이냐고 되물을 수도 있겠다. 하지만 이곳의 내막을 알게 되면 흐르는 눈물이 깊은 분화구를 채우고 넘쳐 오름 밖으로 범람할 것이 분명하다.

높은 만큼 깊어서 아름다워라

다랑쉬오름은 행정구역상 구좌읍 세화리에 속한다. 송당리

다랑쉬오름과 아끈다랑쉬
다랑쉬오름은 제주에서 두 번째로 높은 오름이다. 아끈다랑쉬의 '아끈'은 제주 말로 '작은'을 뜻한다.

에 있는 높은오름에 이어 제주에서 두 번째로 높은 오름으로 해발고도는 382.4m, 오름 밑자락부터 꼭대기까지의 비고는 227m다. 아득하게 파인 분화구의 깊이는 무려 115m로 백록담과 맞먹는 깊이다. 분화구 둘레를 따라 도는 정상부는 1,500m에 이른다.

다랑쉬라는 이름에 대해서는 해석이 분분하다. 이두식 한자로 '월랑봉'이라고 불리는 것에 바탕을 두고 달과 관련이 있다고 하는 사람들이 있는가 하면, 고구려어의 높은 산에서 유래했다고 말하는 이들도 있다. 정작 세화리 토박이들은 중세 국어에서나 쓰던 아래아 발음 그대로를 붙여 'ᄃᆞ랑쉬'라고 한다. 'ᄃᆞ랑'은 둥글다는 뜻이고 '쉬'는 마소를 뜻한다고 한다. 주

로 마소를 치던 사람들이 자주 오르내렸기에 이런 해석을 하는 것 같다.

가파른 길을 부지런히 걸어 정상에 올랐다면 알 길 없는 이름 뜻을 고민하기보다 주위를 둘러보시라. 주변에 포진한 수십 개의 오름이며 널따란 초원을 바라보고 있자면 절로 탄성이 나올 것이다. 기하학적인 그림을 그려놓은 밭담을 제외하곤 사람의 흔적이 보이지 않는다. 그저 마소를 방목하고 농사짓는 사람들이나 드나드는 곳 같다. 지금이야 그렇지만 예전의 다랑쉬는 오름만이 아니라 마을의 이름이기도 했다. 4·3 이전에는 다랑쉬오름과 한 형제나 다름없는 아끈다랑쉬오름 밑자락까지 마을이 있었다고 하니 말이다.

아끈다랑쉬오름부터 바다 가까운 곳까지는 기다란 숲이 있었다. 그 숲의 이름은 '가는곶'이다. '가는 숲'이라는 뜻이다. 숲의 길이가 넓이보다 훨씬 커서 전체적인 윤곽이 기다랗기 때문에 가늘다는 말이 붙었다. 세화리라는 이름도 가는곶을 이두식으로 표기한 한자어다. 아끈다랑쉬오름에만 마을이 있었던 게 아니다. 다랑쉬오름 자락에도 본동에서 떨어진 조그만 마을이 있었다. 1948년 4·3이 발발하며 중산간 소개령이 내려지자 대부분 바다 가까운 곳으로 내려갔는데 다랑쉬마을 사람들은 고향을 버리지 않고 남아있었다고 한다.

잃어버린 옛 마을은 흔적마저 사라지고

옛 기록이나 사람들의 이야기에 따르면 다랑쉬마을은 19세기 말, 주위 여러 마을에서 하나둘씩 사람들이 모여들며 생겨났다고 한다. 대부분 '산되'라고 불리는 밭벼와 메밀, 조 등의 농사를 지으며 마소를 치는 이들이었다. 개중에는 마소 치는 일을 생업으로 삼은 목자들도 있었는데 제주 사람들은 이들을 '테우리'라고 불렀다.

순박하던 사람들은 4·3 발발로 마을을 비우고 떠나라는 말에 하늘이 무너지는 줄 알았나보다. 악착같이 일군 삶터를 버리고 떠나게 되었으니 오죽했을까. 총칼에 내몰린 이들은 빈손으로 바다를 향했다. 세화리, 하도리 등지로 내려간 사람들은 깔담살이(꼴머슴 생활)로 남의 집 머슴을 살며 모진 삶을 살아야만 했다. 1954년에 이르러 금족령은 풀렸지만 이미 모든 것을 잃어버린 사람들은 더 이상 고향 마을로 돌아오지 않았다. 영영 잃어버린 마을이 되고 만 것이다.

다랑쉬오름 남동쪽 기슭으로 접어들면 높다란 돌담을 두른 안쪽으로 축구공 모양의 건물들이 보인다. 누군가 사업을 할 요량으로 지었다가 뜻대로 되지 않았는지 계속 빈 채로 남겨진 곳인데, 그 주변이 다랑쉬마을이 있던 곳이다. 제주 사람들은 집 주변에 작지만 질긴 대나무인 솜대를 빼곡하게 심

정상에서 내려 본 풍경 다랑쉬오름 정상에 오르면 탁 트인 풍경 가운데 볼록 솟은 아끈다랑쉬가 눈에 들어온다. 날이 좋은 날에는 아끈다랑쉬 뒤편으로 멀리 성산일출봉까지 볼 수 있다.

잃어버린 마을 표석과 쓰러진 팽나무 19세기 말 생긴 다랑쉬마을은 4·3 발발로 마을 사람들이 뿔뿔이 흩어지며 영영 잃어버린 마을이 되었다. 마을 입구에서 마을을 지키던 팽나무까지 몇 해 전 갑자기 고사하며 안타까움을 더하고 있다.

어놓곤 했는데, 이 일대에 솜대가 무리 지어 자라난 곳이 있다. 그 모두가 옛 집터라고 보면 된다. 대나무를 집 가까이 심어두고, 바구니며 발이며 갖은 허드레 가재도구를 직접 만들던 자급자족의 전통이다. 마을이 사라진 곳에 홀로 남은 대나무는 반백 년 사이 숲을 이뤄 주인이 돌아오기만을 기다리고 있다. 억새와 가시덤불을 헤쳐야 들어설 수 있는 곳이라 다가가기 어렵지만, 근처를 맴돌다 보면 돌을 성글게 쌓아 마소를 가두던 간이 외양간 '장통막'도 만날 수 있다. 이미 말라버린 우물터와도 마주친다.

대나무와 더불어 제주의 마을이라면 어김없이 서 있는 것이 나이 찬 팽나무다. 뭍으로 치면 마을 어귀나 논 가운데 모정에 자라난 정자나무에 견줄 만하다. 특히 해묵어 높은 키를 자랑하는 팽나무는 요즘의 마을회관 같은 것이었다. 큼지막한 팽나무 그늘 아래 '쉼팡'을 만들어놓았는데 짝을 잃은 방앗돌이나 널찍한 바위를 놓고 평상처럼 사용했다. 다랑쉬마을 어귀에도 그런 팽나무가 있었다. '잃어버린 마을' 표지석 곁에 나란히 서 있었는데 두어 해 전에 갑자기 숨을 다해 쓰러졌다. 누군가 일부러 고사시킨 것 같은데, 나무의 죽음은 칠십여 년 전 죽음과 고스란히 겹친다.

팽나무 곁을 떠나지 못하는 혼령

제주의 모든 것을 숨죽이게 했던 1948년. 그해 가을 소개령이 내려져 오름 들녘의 산자락 마을은 모두 불타거나 비워졌다. 빈 마을이 된 다랑쉬 역시 사람의 그림자를 찾아보기 어려웠는데, 이따금 우마를 돌보러 드나드는 사람들만 잠시 머물렀다. 그들 중에는 남원읍 태흥리에서 이 마을까지 와서 테우리를 하던 난쟁이 아저씨 홍무경이란 이가 있었다. 비록 키는 작달막했지만 마소를 다루는 솜씨는 누구보다 뛰어났다. 그가 휘파람을 길게 뽑아내면, 말이든 소든 동화 속 피리 부는 사나

이를 따르는 하멜른의 아이들처럼 줄줄이 모여들었다고 하니 타고난 테우리였다. 아저씨는 끽연가였는데 담배를 말아 피려고 허드렛 종이만 보이면 챙기곤 했다.

담배를 입에 물고 이따금씩 다랑쉬마을에 나들던 어느 날, 아저씨는 토벌대와 맞닥뜨렸다. 토벌대는 협박조로 정체를 캐물으며 아저씨의 몸을 수색하기 시작했다. 그의 품속에서 무장대가 뿌린 삐라가 나왔다. 일자무식인 아저씨는 글을 몰라 그저 종이라고만 여겨 지니고 있었는데 사정을 모르는 무장대는 폭도라며 무자비한 폭행을 시작했다. 그들은 아무것도 모른다며 살려달라고 애원하는 아저씨의 목소리를 듣지 않았다. 아저씨를 둘러싼 이들은 다랑쉬마을 어귀의 팽나무 아래서 총 개머리판으로 사정없이 내리쳤다고 한다. 휘파람이 일품이던 아저씨는 그렇게 처참한 모습으로 세상을 등졌다.

난쟁이 아저씨가 목숨을 잃었던 자리에 지금은 잃어버린 마을 다랑쉬를 알리는 표지석만 남고 팽나무는 쓰러졌다. 앞서도 말했지만 누군가 일부러 농약 따위로 해코지를 가해 고사시킨 것으로 짐작된다. 아직도 4·3이라는 국가 폭력이 밝혀지는 것을 못마땅하게 여기는 사람들이 있나보다.

영원한 어둠에 갇힌 동굴 속 비밀

다랑쉬오름에서 동쪽으로 1km 남짓 떨어진 곳에는 제주4·3의 참혹함을 단적으로 증명하는 다랑쉬굴이 있다.

1948년 소개령이 내려진 당시, 종달리와 하도리 주민 11명이 피신해 있다는 정보를 얻은 토벌대가 12월 8일 다랑쉬굴 앞에 들이닥쳤다. 어지러운 시국을 피해 잠깐 은신한 양민들임에도 토벌대는 입구에 불을 피워 연기가 작은 동굴 속으로 들어가게 했고, 수류탄을 터트리는 것도 모자라 총까지 난사했다. 결국 굴속에 있었던 모든 사람들이 처참하게 숨을 거두고 말았다.

이 사건은 동굴 속의 암흑처럼 숨겨진 채 역사 저편으로 영영 사라지는 듯했다. 그런데 4·3진상규명운동이 본격화되던 1991년, 세화리 주민 문은철 씨가 동굴의 존재를 처음 세상에 알렸다. 그 이듬해에는 학살이 벌어진 뒤 남몰래 찾아가 시신을 직접 수습했다는 채정옥 씨의 안내로 언론사와 연구단체가 동굴 속으로 들어갔다. 동굴 속에는 뼈만 남은 열한 구의 시신과 그들이 사용했던 솥단지며 요강, 고무신 등의 유물이 있었다.

1992년 4월 2일, 천인공노할 학살이 언론에 대서특필되자 제주지방경찰청은 남로당 세력의 아지트라고 왜곡했다. 제주도정은 유족들의 동의도 구하지 않은 채 유해들을 화장해 바다에 뿌려버렸다. 이것으로 끝이 아니었다. 무엇이 두려웠는지 포크레인을 동원해 다랑쉬굴 입구를 아예 봉쇄하기까지 했으니 돌아가신 영혼들과 유족들은 두 번째 죽음을 겪는 끔찍한 아픔을 당해야만 했다.

'제주4·3특별법'이 제정된 2000년에 들어서서야 다랑쉬굴 입구에는 진실을 밝히는 안내문이 들어섰고, 많은 사람들이 찾아가 희생자들의 넋을 기리고 있다. 그러나 동굴은 여전히 입구가 막힌 채 칠흑 같은 암흑 속에 갇혀있다.

18

수산진성
시골 초등학교의 세 가지 보물과 책방무사

성산에는 바다만 있는 것이 아니다. 바다 못지않게 너른 벌판 위로는 오름 군락이 연산연봉 굽이쳐 흐른다. 제주도 동부 지역 오름 군락지를 아우르는 16번 국도를 타고 일출봉 쪽으로 가다 보면 성산읍 중산간 마을 수산1리에 닿는다. 고성우체국 사거리에서 내륙으로 방향을 틀면 만날 수 있는 곳이다. 버스 정류장이 있는 마을의 중심에는 그림처럼 아름다운 수산초등학교가 버스에서 내린 길손을 기다렸다는 듯이 정문을 활짝 열어 웃고 있다.

제주의 시골 마을 초등학교는 어느 곳이든 아름답기로 소문이 자자하다. 그중에서도 수산초등학교는 어디에도 없는 세 가지 보물을 지니고 있어서 눈길을 끈다. 이곳에 들른 누구라도 보물을 찾아 학교 안을 샅샅이 뒤지고 싶은 마음이 샘솟을 테다. 이 학교의 첫 번째 보물은 교정 안이 아닌 밖에 있다. 학교 외곽을 두르고 있는 담장이 바로 그것이다.

육백 년 세월 담은 돌담과 하얀 동백꽃

수산초등학교를 에두른 돌담을 자세히 살펴보면 제주의 여느 돌담과는 모양이 다르다는 사실을 금방 깨닫게 된다. 얼키설키 쌓여 바람구멍이 숭숭 난 제주 돌담과 달리 빈틈없는 철옹성처럼 단단해 보이는 이 담벼락은 무려 육백 년을 버텨온 성곽이다. 조선 세종 때에 왜적의 침입을 막기 위해 축조한 진성(鎭城)인 것이다. 조선시대 제주에는 3성(三城) 9진(九鎭)이 설치되어 있었는데 9진 중 한 곳이 '수산진'이었다. 수산초등학교가 수산진성의 옛터에 자리를 잡으면서 단단한 성곽을 담장으로 삼게 된 것이다.

　수산진성은 나머지 여덟 곳의 진성이 모두 해안가에 설치되었던 것과 달리, 내륙 깊숙한 곳에 지어져 더욱 특별하다. 동쪽의 성벽을 비롯한 일부는 거의 무너졌지만 정사각형의 옛 모습은 그대로 남아 있다. 얼핏 군사시설과 아이들이 공부하는 학교가 어울리지 않으리라 여길 수도 있지만 이미 군대의

수산진성 조선 세종 때 왜적의 침입을 막기 위해 축조한 수산진성은 육백 년이 지난 지금 수산초등학교 담장으로 남아 학교를 지키고 있다.

무시무시한 기운은 사라진 지 오래다. 이곳을 군사터로 쓰던 조선이라는 옛 왕조가 역사 뒤편으로 사라졌기 때문이기도 하지만, 일제강점기의 수난이 군사시설을 모조리 없앤 탓이기도 하다. 일제강점기 초기까지만 해도 수산진성 안에는 사병들의 숙소인 병사(兵舍)와 더불어 객사(客舍)까지 남아있었다. 하지만 이 모든 역사적 흔적은 전적말살정책(戰迹抹殺政策)에 의해 철거되었다.

진성의 담장을 지나 교정으로 들어서면 시골 학교다운 정경이 나타난다. 마을의 민속자료를 모아놓은 곳에는 제주도 특유의 대문인 '정'(정낭은 정의 잘못된 표현이다)도 보이고 마소로 곡식을 빻던 연자방아도 있다. 이것들이 보물인가 싶지만, 수산초등학교의 두 번째 보물은 바로 이들 가까이 있는 동백나무다.

제주를 상징하는 꽃으로 많은 사람이 유채꽃을 첫손에 꼽는다. 벚꽃을 으뜸으로 삼는 사람도 있다. 그러나 제주 토박이들은 동백꽃이야말로 제주 사람을 닮은 꽃이라고 입을 모은다. 선홍빛 핏물처럼 붉게 타오르다 숨이 다하면 통째로 떨어져 대지를 물들이는 열정이 제주 사람들을 빼닮았다고 해도 과언이 아니다. 근래에는 종자 개량이 대대적으로 이루어져 장미처럼 겹꽃으로 피어난 뒤 시들어 썩을 때까지 나무에 매달려 있는 동백꽃도 있다. 붉은색뿐만 아니라 분홍색, 베이지색 등 가지각색을 뽐내기도 한다.

제주 사람들은 본연의 동백꽃을 사랑한다. 빨갛게 물들어 꽃째 떨어지는 것이 토종 동백꽃 본연의 모습이지만, 토종 중에서도 매우 드물게 새하얀 꽃을 피워내는 것이 있다. 황홀하지만 과하지 않은 절제의 미모를 지닌 하얀 동백꽃이 바로 수산초등학교의 두 번째 보물이다. 이 꽃은 한겨울에 활짝 피어나니 그 자태를 눈에 담고 싶다면 봄이 재촉하기 전에 찾아가는 것이 좋겠다.

백동백 수산초등학교 운동장에 있는 백동백나무는 매년 겨울 눈송이처럼 하얀 동백꽃을 피운다. 학교 교화로 지정되어 있다.

옛이야기가 감도는 세 번째 보물

수산초등학교의 세 번째 보물은 깊은 곳에 숨겨져 있다. 교정 밖, 진성의 돌담 북동쪽 감귤밭 한쪽에 자리한 '진안할망당'이다.

제주는 널리 알려진 대로 1만 8천에 이르는 수많은 신들이 곳곳을 지키는 신화의 섬이다. 웹툰에서 영화까지 공전의 히트를 쳤던 작품 '신과 함께'도 제주신화 중 하나인 차사본풀이와 문전본풀이를 모티프로 삼은 작품이다.

수산초등학교의 세 번째 보물인 감귤밭 한편의 '진안할망당'도 수많은 신들 중 한 여신을 모신 신전이다. 여신의 이름이 바로 진안할망인데 진성 안에 모신 할머니라는 뜻으로 풀이된다. 그런데 마을의 여신을 모시는 신전이 왜 군대의 진지와 함께 자리하게 됐을까?

어느 날 갑자기 여자아이의 울음소리가 들려왔다. 사람들은 일찍이 들어본 적 없는 서글픈 울음의 주인공을 찾아 숨을 헐떡이며 온 마을을 샅샅이 뒤졌다. 하지만 어디에서도 울음을 터뜨리는 아이를 찾지 못했다. 그 사이 울음소리는 점점 커지며 온 마을을 뒤덮었다. 마을 사람들이 정체를 찾기 위해 모든 수단을 다 썼지만 별도리가 없었다. 발만 동동 구르던 차에 마을 사람들은 뒤늦게 잊었던 사실을 떠올렸다.

진안할망당 진성 완성의 제물로 희생된 아이의 넋을 달래기 위해 세웠다는 진안할망당은 수산초등학교 옆 감귤밭 안에 자리해 있다.

나라님께서 제주를 탐내는 왜적의 침입을 막기 위해 이 마을에 진성을 축조하라는 결단을 내렸다. 그런데 당시 진성을 만드는 일은 조정과 지방관아의 관원만으로는 어림없는 일이었다. 마을 사람들 모두가 부역에 동원됐고, 부족한 물자를 확보하기 위해 집집마다 돈과 곡식을 바치게 했다. 그러던 어느 날, 사납게 들이닥친 관원에게 한 여인은 횡설수설 믿을 수 없는 말을 쏟아냈다. 가난한 살림에 부역 나갈 남정네조차 없던 여인이 바닥에 털썩 주저앉은 채 헛소리에 가까운 넋두리를 토해내기 시작한 것이다.

"피죽 한 그릇도 제대로 못 먹는 신세라 바칠 거라곤 저 딸아이 하나밖에 없소."

관원의 눈에 어린 여자아이가 비쳤다. 며칠을 굶었는지 죽사발처럼 창백한 낯빛의 아이가 측은해 보였다. 관원도 인정은 있던지라 빈손으로 발길을 돌렸다.

하지만 그 일이 있고 난 뒤로 축성 공사장에서는 원인 모를 사고가 속출하기 시작했다. 단단히 쌓아 올린 성담이 무너지는 일이 계속된 것이다. 무너진 성담을 아무리 단단히 쌓아 올려도 이내 다시 무너지고 말았다. 관원들은 안달이 났고, 부역에 동원된 사람들은 신의 노여움을 샀다며 동요했다. 때마침 근처를 지나던 한 승려가 요상한 말을 한마디 던지고 홀연히 사라졌다.

"딸아이 말곤 바칠 것 없다던 여인의 넋두리가 터신에게 미쳤는데, 그 집의 딸아이를 제물로 바치면 진성이 완성될 것이다."

승려의 말은 현실이 되었다. 여자아이를 축성의 제물로 바친 것이다. 마침내 수산진성이 번듯하게 들어섰다. 그런데 어느 날부턴가 여자아이의 울음소리가 귀곡성처럼 울려 퍼지기 시작했다. 결국 마을 사람들의 청원에 못 이긴 관아에서는 진성 외곽에 희생된 소녀의 넋을 달래는 신전을 지을 것을 허락

했다. 그렇게 마련된 성소가 수산초등학교 옆 진안할망당이다. 그리하여 수백 년이 지난 지금까지도 진안할망당에는 새벽녘에 촛불을 밝혀 기도하는 발길이 끊이지 않고 있다.

오늘도 무사히! 사랑방이 된 마을 서점

보물찾기를 마치고 학교 밖으로 나오면 길 건너편에는 시골집이 옹기종기 둘러앉은 마을이 기다린다. 알록달록 벽화가 그려진 담장 행렬 중 맨 앞에서 걸음을 반기는 곳이 독립서점 '책방무사'다.

책방무사는 글도 쓰고 영화도 만드는 가수 요조와 그의 친구 종수가 만든 서점이다. 애초에는 종로구 계동에서 문을 열었는데 1년 반 남짓 운영하다가 수산1리로 위치를 옮겼다. 십오 년 넘게 빈집으로 남아 있던 이곳의 농가주택에 홀딱 반해 결심한 것이다. 책방무사에는 한때 동네 사람들이 드나들었던 시골 점방의 정취가 오롯이 배어있다.

이곳은 전형적인 제주의 민가 구조를 지녔다. 안채에 해당되는 '안거리'와 마당 건너 바깥채인 '밧거리', 그리고 안거리와 밧거리를 가로지르는 모커리로 이루어져 있다. 책방무사는 모커리에 둥지를 틀었고 밧거리에는 공드리라는 이름의 카페가 있다. 또 2020년 11월에는 비어있던 안거리에 '책방무사 뒤에'라는 갤러리를 오픈해 다채로운 전시를 이어가고 있다.

2000년대 들어서며 뭍사람들의 제주러시가 폭주하며 많은 이주민들이 제주에 정착했다. 정다운 시골 정취에 고스란히 흡수된 사람도 있지만, 시골 마을에 보금자리를 틀었음에도 이웃과 일절 소통 없이 자신만의 세상을 구축하는 경우가 더러 있다. 서울에서 이사 온 작은 서점은 전자에 가깝다. 책방무사는 마을의 사랑방 노릇을 톡톡히 하며 마을의 자랑 중 하나가 되었다. 책방지기 종수는 이곳에 자리 잡기가 무섭게 청년회에 가입해 마을의 대소사에 여느 청년들처럼 발 벗고 나선다고 하니 생각만으로도 흐뭇해진다.

책방무사 가수 요조와 그의 친구 종수가 만든 독립서점. 전형적인 제주 민가에 세워져 시골 점방의 정취를 풍기며 많은 관광객이 찾는 마을의 자랑이 되었다.

책방무사의 정체를 알고 몇 번을 들르던 차에 책방지기들을 만나 대화를 나눈 적이 있다. 서점의 이름에 담긴 뜻을 질문하자 책방지기의 대답은 이러했다. '무사'라는 이름에 담아낸 속뜻은 말 그대로 '무사', "하루하루 무사히 잘 지내자!" 이런 뜻이란다.

돌이켜보면 우리는 너무나 정신없이 살고 있다. 비정한 경쟁 사회에서 어쩌면 산다기보다 살아남으려고 버둥거리고 있는지도 모른다. 몸을 돌보거나 정신을 가다듬을 틈 하나 없이. 책방무사는 누구나 머물 수 있다. 잠시 머물러 생각을 멈추고 걸음을 쉬는 곳이다. 책방무사는 그곳에 머문 모두의 하루하루가 무사하길 바라는 기도를 담고 있다.

19

말미오름
오름과 바다를 아우르는 제주올레의 시작

세상이 생겨나던 태초에 바다를 건너온 거대한 여신 설문대가
치마폭으로 흙을 날라 망망대해 한가운데 섬 하나를 만들고,
섬 가운데 높은 산 하나를 만들었다는 이야기가 제주에 전해
온다. 여신이 무던히도 섬을 다지고 산을 다듬던 사이 해진 치
마폭에 숭숭 뚫린 구멍 사이로 주르르 쏟아진 흙덩어리가 여
기저기 흩어졌는데 이들이 제주 곳곳에 솟아오른 오름이 되었
다고 한다.

닮은 듯 서로 달라 저마다의 개성을 뽐내는 오름 중에는
지질학적으로 매우 희귀한 가치를 지니는 곳들도 있다. 성산
읍 시흥리와 구좌읍 종달리에 화산체가 들어앉은 '말미오름'

도 그중 하나다. 연구에 따르면 말미오름은 우도의 쇠머리오름, 성산일출봉과 더불어 성산포 지역을 대표하는 수성화산이다. 바닷속에서 화산이 분출해 오름이 되거나 그 자체로 섬이 된 경우다.

오름은 바닷가 가까이 있느냐 내륙에 있느냐에 따라서도 식생이 다르며 그곳에 기대어 생업을 이어가는 사람들이 활용하는 방식도 제각각이다. 말미오름은 시흥리 사람들에게 어떤 곳이었을까?

섬이 시작되는 마을

시흥리의 본래 이름은 '심돌'이다. 심돌의 뜻은 이두식 한자 표기 '역돌'(力乭)로 미루어 짐작건대 '바위만큼 강인한 곳' 정도로 풀이할 수 있다. 지금 부르는 시흥(始興)이라는 한자 이름은 백여 년 전쯤 붙여졌다는 이야기가 있다. 1905년 근대식 행정 편제가 실시될 때, 이 마을이 속한 정의군의 군수 채수강이 제주섬이 시작되는 마을이라는 뜻을 담아 지어냈다는 것이다. 그래서 시흥리의 이름 뜻은 '비로소 흥하는 마을' 정도로 풀이된다.

이 마을은 전형적인 반농반어의 마을이다. 예부터 힘이 센 장사가 많이 태어나는 마을로도 유명하다. 조선 인조 때 실존

했던 인물로 알려진 부시흥(夫時興)은 날개 달린 장수로 태어나, 한라산의 용마를 잡아 임금께 진상해서 만호(萬戶) 벼슬을 받았다는 전설적인 이야기가 전해온다.

이 마을에 유명한 장사 이야기는 한 가지 더 있다. 오백여 년 전 이 마을의 '대섬머새'라는 곳에 현 씨 부부가 살았다고 한다. 자손이 귀하던 집안에서 부인이 어렵사리 첫 임신을 하자 남편은 부인에게 소 열 마리를 잡아먹게 했다. 열 달 뒤에 딸이 태어났는데 갓난아기가 울음소리부터 우렁차고 힘이 장사였다. 다시 시간이 흘러 부인이 두 번째 임신을 했다. 남편은 이번에도 딸을 낳으면 어쩌나 싶어서 부인에게 소 아홉 마리만 먹게 했다. 그런데 웬걸 이번에는 떡두꺼비 같은 아들이 태어났다. 아들 또한 태어나자마자 누이 못지않은 힘을 자랑했다고 한다. 남매가 장성하며 이들의 힘은 점점 세졌고, 동생은 제주 바다에서 힘겨루기가 벌어지는 곳이라면 어디든 나타나서 장사를 독차지하기 일쑤였다. 그러던 어느 날, 먼 마을에서 벌어진 씨름판에 뛰어든 남동생이 닥치는 대로 상대를 휙휙 넘어뜨리자 낯선 뜨내기가 동네 씨름판을 뒤집는다며 그 마을 청년들이 뭇매를 놓으려고 어르던 차였다. 이때 동생이 알아보지 못하게 남장을 한 누이가 씨름판에 나타나서 남동생을 단숨에 메다꽂아 버렸다. 그러고는 "별것 아닌 녀석"이라

224

며 모두 앞에서 핀잔을 줬다. 그렇게 누나는 남동생을 무사히 끌고 씨름판을 빠져나와 위기를 모면했다고 한다.

2000년대에 이르러 시흥리는 또 다른 명성을 얻기 시작했다. 제주올레 코스의 출발점이 이 마을이라는 사실이다. 마을 이름에 걸맞은 옷을 입은 시흥리는 제주올레 1코스가 시작되는 말미오름 어귀에 안내문과 올레 우체통을 나란히 갖고 있다.

오름에 올라서서 바다를 아우르고

올레 우체통과 찡긋 눈인사를 나눈 뒤, 호젓한 농로를 따라 돌 담 사잇길을 느릿느릿 걷다 보면 말미오름 어귀에 닿게 된다. 오름 등반로로 이어지는 길가에 '제주올레 안내센터'가 탐방 객을 기다린다. 제주올레를 대표하는 망아지 모양의 간세인 형 등 다양한 기념상품부터, 올레 코스 지도와 제주의 다양한 정보가 실린 책들을 판매하고 있다. 하지만 무엇보다 이곳에 서 빠뜨리지 말고 해야 할 것은 올레 스탬프를 찍는 일이다. 각 코스마다 다른 디자인으로 구성된 올레 스탬프는 당신의 마음 속에 제주올레 코스 완주의 열망을 솟구치게 할지도 모른다.

본격적으로 오름길에 들어서면 형형색색의 리본이 풍경처럼 매달린 통나무 정자와 만나게 된다. 시흥올레소망쉼터다. 울긋불긋한 리본은 이곳을 다녀간 탐방객들이 소원을 남기고

간 흔적이다. 저마다 사연을 품은 리본은 산들바람에 살랑살랑 손을 흔든다.

굽이진 오르막을 종금종금 내딛는 걸음이 살짝 무거워질 때쯤이면 어느새 오름 정상이다. 멀리 오조리 내수면의 비경 너머로 일출봉이 아스라하고, 바다 쪽에는 초록 들판에 나앉은 누런 황소 같은 우도가 엎드려 있다. 종달리의 지미봉도 하늘 높은 줄 모르고 우뚝 솟아있다.

제주의 오름을 몇 번이라도 올라본 사람들은 말미오름의 특이한 형태를 쉽게 발견한다. 솟아오른 봉우리를 감싸듯이 휘감아 도는 또 하나의 오름 때문이다. 이른바 이중화산이다. 잠시 지질학자들의 분석을 빌려와 이 오름의 용모를 감상해보자.

말미오름은 일출봉과 우도의 쇠머리오름으로 이어지는 삼각지대의 수성화산이다. 말미오름은 바다에서 멀리 떨어져 있어서 수성화산이라는 말이 선뜻 이해되지 않는다. 전문가들은 수중에서 폭발한 화산의 쇄설성퇴적층이 오랜 시간에 걸쳐 서서히 융기한 결과, 바다를 땅으로 둔갑시킨 것이라고 설명한다. 또한 말미오름은 중앙의 분화구와 주변의 외륜산이 제각기 따로 분출해 이중화산이 되었다고 한다. 제주 사람들은 분화구를 '굼부리'라고 부르는데 말미오름처럼 두 개의 굼

말미오름에서 바라본 일출봉 수성화산인 말미오름은 수중에서 폭발한 화산이 융기하며 바다 멀리 자리해 특별하다. 말미오름 정상에서 바라보면 내수면의 마을 풍경 너머로 바다와 일출봉이 한눈에 들어온다.

부리를 가진 이중화산은 매우 큰 가치를 지닌다고 하니 눈여겨볼 대목이다. 대정읍 하모리의 송악산과 함께 제주도에서도 이중화산은 둘 뿐이다. 이중화산체를 굳이 구분한다면 한가운데 솟아오른 봉우리가 두산봉이고 주위를 둘러싼 외륜산은 말미오름이다.

세계농업유산이 된 흑룡만리의 밭담

말미오름을 오르내리는 길에서도, 정상에서도 유난히 눈에 들어오는 것이 있다. 바로 오름 여기저기에 얼키설키 쌓여있는 돌담이다. 오름을 오르는 동안 가까이 살펴본 돌담은 손가

밭담 말미오름 정상에서 본 밭담은 대지
예술을 보는 것 같아 감탄을 자아낸다.
2014년 유엔식량농업기구에서 세계중요
농업유산으로 지정하기도 했다.

락으로 건드리기만 해도 무너질 것만 같은 위태로운 모습이다. 이 엉성한 담이 거칠기로 소문난 제주의 바람을 어떻게 이겨내는지 궁금해지기 마련이다. 하지만 그 위태로운 모습 자체가 바람을 이기는 비결이다. 돌담과 맞부딪친 바람이 사이사이 바람구멍이 뻥뻥 뚫린 돌담 틈으로 갈라지며 틈새로 빠져 나가느라 힘을 못 쓴다는 것이다. 때문에 제주에서는 살림집은 물론 밭이며 무덤에 이르기까지 돌담을 두르지 않는 곳이 없다. 집 울타리 노릇을 하는 돌담을 '울담', 밭의 경계에 있는 것을 '밧담(밭담)', 묏자리를 감싼 것을 '산담'이라고 한다. 희한하게 생각되겠지만 돌담은 바다에도 두른다. 이 조수 간만의 차이를 이용한 돌 그물을 '원담' 또는 '갯담'이라고 한다. 조선시대에 말을 방목하던 중산간의 목마장마다 둘렀던 '잣담'도 아직까지 남아 있다.

말미오름 정상에서 내려다보는 풍경 중 백미는 밭마다 치장이라도 한 것처럼 구불거리며 흐르는 밭담이다. 제주 밭담은 세계적으로도 가치를 인정받아 지난 2014년, 유엔식량농업기구에서 세계중요농업유산으로 지정한 바 있다. 제주 밭담의 총연장이 중국의 만리장성에 버금간다고 해서 흑룡만리라는 수식을 붙이기도 한다. 밭담이 그려낸 대지예술은 경탄을 자아낸다.

모래 해변의 지킴이 영등하르방

반농반어의 마을 시흥리에는 말미오름 못지않은 마을의 자랑, 코발트빛 바다가 있다. 오랜 역사를 자랑하는 송난코지의 포구 앞은 물이 빠지면서 금빛으로 반짝이는 모래밭이 드넓게 펼쳐진다. 이 모래밭에는 달랑게, 긴발가락참집게, 두갈래민꽃게가 떼 지어 게걸음을 걷고 바지락, 대복, 맛, 퇴조개 등이 숨구멍을 열어 짠물을 토한다.

시흥 해녀의 집 전복죽과 조개죽 시흥 해녀의 집은 마을 해녀들이 당번을 정해 공동으로 운영하는 식당이다. 직접 잡은 해산물로 요리하는 음식들 중 전복죽과 조개죽은 최고 인기 메뉴다.

여름철이면 조개잡이 체험에 나선 인파가 몰려 장사진을 이루기도 하는데 여기서 잡히는 게며 조개로 다양한 식단을 꾸린 '시흥 해녀의 집'이 해변 가까이 있다. 시흥 해녀의 집은 1995년에 문을 연 이래 이 마을 해녀들이 당번을 정해 공동으로 운영하는 식당이다. 한번 맛본 뒤 잊지 못해 찾아드는 손님으로 늘 북새통을 이루는 곳이다. 조개죽과 전복죽이 최고 인기인데 다른 메뉴들도 식도락을 즐기기에 충분하다.

해녀의 손맛을 맛본 뒤 식당을 나서면 바다를 향해 커다란 눈을 부릅뜬 석상과 맞닥뜨린다. 언뜻 돌하르방을 닮았지만 둥그런 돌탑 위에 서 있는 모습으로 봐선 분명 다른 무엇이다. 석상과 돌탑을 합쳐 '영등하르방탑'이라고 부르는 이 조형물은 오직 제주에서만 볼 수 있는 존재다. 풍수지리에 따라 나쁜 기운이 미치는 곳에 쌓아 액을 막는 돌탑으로 제주에는 여느 마을이나 있다. 수가 많은 만큼 모양도 다채롭고 이름 또한 제각각이다. 근래에는 전부 모아 '방사탑'이라고 부르고 있다.

시흥리 영등하르방탑의 특이점은 그 이름에서 알 수 있듯 돌탑 위에 바람과 풍요의 해양신인 '영등'의 조각상을 세워놓은 점이다. 왜구의 잦은 노략질과 태풍과 해일로 인한 피해를 영등하르방의 권능으로 물리치려고 했던 이 탑이야말로 시흥리 사람들이 염원하던 평화의 상징인 셈이다.

20

오조리 내수면
나를 비추는 물의 마을

제주 최고의 명소로 알려진 일출봉. 그 비경을 사랑해 너른 가슴을 활짝 열어 품어 안는 마을이 있다. 제주에서도 매우 드문 리아스식 해안을 자랑하는 오조리가 그곳이다. 오백 년이 훌쩍 넘는 깊은 역사를 지닌 아름다운 어촌 마을 오조리의 내수면은 드라마 촬영지로도 유명하다.

그런데 놀라운 점은 바다와 이어진 호수로 알려진 이곳이 본래는 바다였다는 사실이다. 한 가지 더 덧붙인다면 일출봉은 원래 섬이었으며, 제주 본섬과 이 섬을 갈라놓았던 바다가 바로 오조리 내수면이었다. 고성리 터진목이 매립되고 그 반대편으로는 성산갑문이라는 큰 다리가 놓이면서 지금은 자동

하늘에서 내려 본 내수면 오조리 내수면은 제주에서도 매우 드문 리아스식 해안을 자랑한다. 터진목이 매립되고 성산갑문이 놓이면서 섬이었던 일출봉은 제주와 연결되고, 바다였던 내수면 호수는 지금의 모습을 갖게 되었다.

차가 일출봉 기슭까지 달려가게 되었다. 하지만 1920년대까지는 썰물이 일어 모래톱이 드러나야 걸어서 다녔던 육계도 (陸繫島) 일출봉은 오조리에서 일어난 물결이 막힘없이 이어지는 곳이었다.

예전의 모습을 잃었다는 사실에 아쉬운 이들이 있을지 모르나 단 한 번이라도 이곳을 찾았더라면 그런 걱정은 티끌 한 점 남기지 않고 사라지고 만다. 왜냐하면 세상 어디에도 없는 아름다운 해안선이 당신을 매혹시킬 테니까.

노란 무궁화 피는 비밀의 화원

오조리 내수면은 식산봉이라는 오름 자락을 참방참방 매만지며 굽이진 해안선을 연출한다. 식산봉의 옛 이름은 바오름이다. 온통 바위로 이루어진 해발 60m의 작은 오름이지만, 제주말로 하자면 '족아도 아지망'이다. 제주 속담으로 '작아도 아줌마', 너무 작아서 어린아이로 보이지만 어엿한 아줌마라는 뜻이다. 무려 108종에 이르는 식물들을 보유하고 있는 식산봉은 자연이 빚은 비밀의 화원이라고 해도 지나친 말이 아니다.

특히 식산봉은 우리나라에서는 전라남도 일부 지역과 제주에만 피는 황근의 자생지로 유명하다. 무궁화와 비슷해서 노랑 무궁화라는 뜻의 이름이 붙여진 '황근'(黃槿)은 이름에 걸

황근 내수면의 식산봉은 전남 일부 지역과 더불어 황근의
자생지다. 노란 무궁화라는 뜻의 황근은 7~8월경 만개한다.

맞게 7~8월의 햇살을 잔뜩 훔쳐 노란 빛깔을 뽐내며 피어난
다. 활짝 열린 노란 꽃은 시간이 지날수록 빛깔이 점점 짙어
지며, 가을에 다다라서는 단풍이라도 든 것처럼 붉게 변한다.
바다로 날린 황근 씨앗은 해류를 타고 식산봉 인근을 떠다니
다 뭍에 닿으면 다시 뿌리를 내린다고 하니 식산봉은 예쁜 꽃
조차 홀딱 반하는 곳이라고 말해도 좋겠다.

두 개의 달이 뜨는 곳

식산봉에는 두 가지 전설이 전해온다. 하나는 바오름이라는
이름에 담긴 이야기다. 오래전 오조리에 부 씨 총각과 옥녀라

는 여인이 있었다. 둘은 연인이었는데 옥녀를 탐내던 조방장이 부 씨를 죽이고 옥녀를 취하려고 했다. 하지만 조방장은 끝내 뜻을 이루지는 못했다. 부 씨의 죽음을 안 옥녀가 바다 기슭에서 차디찬 돌이 되어 바위산으로 변해버렸기 때문이다. 그리하여 옥녀는 바오름이라는 이름을 얻었다.

조방장은 두 번째 전설인 식산봉이라는 이름의 유래에도 등장한다. 하지만 여기서는 악인이 아니다. 오조리는 왜구의 잦은 노략질에 몸살을 앓던 제주의 해안 마을 중 한 곳이었다. 오조리를 매일같이 순찰하던 군관 조방장은 어느 날 식산

식산봉 해발 60m의 작은 오름인 식산봉은 108종의 식물을 품고 있는 비밀의 화원이다. 달이 밝은 날 식산봉에 오르면 하늘에 뜬 달과 내수면 물결에 비친 달그림자가 어우러진 환상의 풍경을 볼 수 있다.

봉을 바라보다 묘안을 짜냈다. 조방장은 그길로 마을 사람들을 불러 모아 짚단과 마른 억새풀을 모두 긁어모으게 했다. 이렇게 모인 짚단과 풀로 식산봉을 뒤덮자 오름은 마치 쌀가마니가 산처럼 쌓인 듯 보였다. 오름을 산더미 같은 군량미처럼 위장해 엄청난 병력을 갖춘 듯 보이려는 것이었다. 조방장의 전략은 주효했다. 지레 겁먹은 왜구는 더 이상 들이닥치지 못했고, 오조리는 평온한 마을이 되었다. 그때부터 오름은 먹을 식(食), 메 산(山) 두 글자를 이름으로 지니게 되었다고 한다.

오조리 사람들은 식산봉과 내수면의 자랑을 보름달이라고 이야기한다. 그윽한 달빛이 내려앉는 밤에 식산봉에 오르면 하늘에 뜬 보름달과 내수면 물결 위에 비친 달그림자가 그만이다. 오조리는 두 개의 달이 뜨는 마을이라는 것이다. 보름달만 물결에 자신을 새기는 것만이 아니다. '오조(吾照)'라는 마을 이름에도 '나를 비춘다'는 뜻이 담겨 있다. 맑디맑은 물결 위에 나를 비춰보는 곳, 이곳에 가면 오랫동안 까마득히 잊고 있었던 진실한 내 모습과 만나게 될지도 모를 일이다.

제주 최초의 양어장과 철새의 오랜 고향

넘실대는 물결은 호수로 변신하기 전 아스라한 바다의 옛 모습을 어떻게 기억하고 있을까? 오조리 내수면이 거쳐 온 변신의 시작은 백여 년 전으로 거슬러 올라간다. 1900년대 초, 오조리가 속한 정의군의 군수 장용균은 보를 쌓아 인공 양어장을 건설했다. 또, 비슷한 시기에 정도정이라는 사람이 또 하나의 보를 만들었는데, 정의 군수가 쌓은 보를 '장정의보'라고 부르고 다음의 것을 '정도정보'라 불렀다.

장정의보는 오조리 내수면 올레 코스 이정표를 따라 서쪽 숲길을 따라 걷다 보면 모습을 드러낸다. 기다란 둑이 옆 마을인 고성리의 터진목까지 이어져 있다. 백 년의 세월을 훌쩍 넘긴 둑은 고즈넉하기 그지없는 평온을 안겨준다. 다른 하나인 정도정보는 자루처럼 원형으로 휘어진 내수면에 길게 돌을 쌓고, 대나무발로 수문을 만들어 밀물 때 들어온 물고기를 가두어 길러내는 방식으로 만들어졌다. 원래 제주에는 해안 마을마다 조수 간만의 차이를 활용해 물고기를 잡는 '원담' 또는 '갯담'이라고 불리는 물고기 잡이용 돌살이 많았는데, 이들 대다수는 규모가 작고 물고기를 기른다기보다 가두는 방식으로 이용되었다. 그런데 물고기를 가둬 키우기까지 한다니, 장정의보와 정도정보는 당시로는 획기적인 것이었다. 제주를 대표하는 민요 중 하나인 「오돌또기」의 가사에도 등장해 그 역사를 고스란히 느낄 수 있다.

둥그데당실 둥그데당실

달도 밝고 내가 머리로 갈거나

성산포 양어장에 숭어가 뛴숭 만숭

서귀포 해녀가 바당에 든숭 만숭

　말 그대로 '물 반, 고기 반'이었던 내수면 양어장에 차고 넘
쳤던 숭어 떼의 점프는 제주의 명물이었다. 양어장의 성장은
수십 년이 지난 1960년대까지 이어졌다. 오조리 주민들은 변
변한 중장비도 없이, 오직 맨손으로 1962년부터 1967년까지
무려 육 년의 시간을 투자해 이들을 현대식 양어장으로 재탄
생시켰다. 이렇게 백 년 동안의 변신을 거듭해 숭어, 장어, 우
럭이 떼 지어 유영하는 황금 어장으로 성장한 것이다. 하지만
근래 들어 많이 쇠락한 어장은 구성진 오돌또기 노랫소리도
잦아들게 했다.

　그러나 짠물과 민물이 만나는 기수역의 물살은 여전히 변
함이 없어서 겨울이면 월동을 위해 날아든 철새들이 장관을
이룬다. 이곳의 겨울나기 철새들은 괭이갈매기부터 재갈매
기, 흰뺨검둥오리, 원앙, 왜가리, 백로, 흑로, 해오라기, 쇠가
마우지, 알락도요, 큰고니, 황조롱이 등에 이르기까지 수십
종이 넘는다. 특히 세계적인 멸종 위기 조류로 꼽히는 저어새

가 주걱 같은 부리를 휘젓는 모습은 탐조객들을 유혹하고도 남는다.

물이랑을 일구는 바다 사람들

나를 비추는 마을 오조리는 예로부터 제주 전통 배를 만드는 조선술로도 유명했다. 제주에서는 조선 기술자들을 일컬어, 배를 짓는 목수라고 하여 배목수로 불렀다. 사방이 물로 휘감긴 섬인데 어느 마을인들 배목수가 없었으랴 의문이 생길 수 있지만 이 마을의 조선술은 그야말로 으뜸이었다.

특히 제주 특유의 '덕판배'는 오조리 배목수들의 자랑이었다. 사료에 따르면 임지왜란 당시 이순신 장군이 거북선을 비롯한 판옥선을 건조할 때 제주의 배목수를 대대적으로 동원했다고 한다. 오조리 배목수의 실력을 가늠할 수 있는 구절이다.

돌담쉼팡 오조리 부녀회에서 운영하는 마을 식당. 마을에서 잡은 해산물로 다양한 음식을 만드는데 손칼국수와 제주 특산 음식인 고기국수가 별미다.

지금이야 현대식 선박이 바다를 누비는 시대인지라 무던히 톱질하고 망치를 쥐었던 배목수는 사라지고 없지만, 오조리 사람들은 여전히 바다에 기대어 살고 있다. 옆 마을 성산리와 바다 경계의 지표 노릇을 하는 한도여 너머 먼바다로 배를 타고 나가는 해녀들의 뱃물질도 여전하다.

근래에는 오조리 부녀회가 팔을 걷어붙이고 나서서 만든 '돌담쉼팡'이라는 마을 식당이 덕판배와 뱃물질의 내력을 정갈한 음식에 담아내고 있다. 마을의 청정한 바다에서 거둔 멸치, 바지락, 보말, 모자반 등의 갖가지 해산물로 다양한 음식을 만들어내는데, 바다를 통째로 담아낸 것 같은 손칼국수의 깊은 맛은 오조리의 인심으로 조미되어 맛이 그만이다. 제주 특산물인 돼지고기를 삶아낸 고기국수와 문어숙회도 빠뜨리면 섭섭할 별미를 품고 있다. 무엇보다 돌담쉼팡은 마을 안의 해묵은 돌 창고를 리모델링한 곳으로 눈으로 느끼는 맛 또한 일품이다. 내수면 산책로를 한 바퀴 돈 뒤 들르면 안성맞춤이다.

21

조천포구
뭍과 섬을 잇는 염원의 다리, 제주 동쪽의 관문

오늘날은 근대식 행정 편제가 정착되어, 제주를 한라산을 기준으로 산남의 서귀포시와 산북의 제주시로 구획 짓고 있다. 하지만 제주 사람들은 먼 옛날부터 생업과 문화의 차이로 경계를 나누며 동과 서의 동촌과 서촌으로 구획 지어 왔다. 제주가 크지 않은 섬이라서 얼핏 지역 차가 없으리라 여기겠지만, 생업 문화는 물론 언어와 생활 관습도 동과 서에서 차이를 보인다. 차이는 동촌과 서촌이라는 문화적 경계를 만들어냈는데, 한라산 북쪽에서 동촌과 서촌을 나눌 때 동촌의 시작점은 조천읍의 진드르라는 평야 동쪽부터라고 여겨왔다. 한라산 남쪽 서귀포에서는 서귀포의 강정천을 기준으로, 하천 동쪽은 동촌이며 건너편부터는 서촌으로 삼았다. 이런 점에서 조천읍은 제주도 동촌의 관문인 셈이다.

조천읍에서도 오랜 역사를 자랑하는 조천리는 근대 이전인 조선시대까지 뭍과 제주를 왕래하는 중요한 항구 중 하나였다. 이처럼 오랜 내력을 지닌 조천포구를 품은 마을이라 조천리는 고려 공민왕 때부터 조천관이라고 불러오기도 했다. 물론 지금은 과거의 위용이 아스라한 옛이야기가 되었다지만, 갯바람에 묻어오는 옛날의 정취는 여행자의 발걸음을 하염없이 바다 기슭으로 이끈다.

애오라지 북녘 하늘만 바라보다

조천포구를 찾은 길손이라면 가장 먼저 높다란 정자와 맞닥뜨릴 것이다. 현무암으로 축대를 쌓아 정자를 앉힌 구조가 다른 정자들과 사뭇 달라 눈길을 잡는 이곳은 '연북정(戀北停)'이다. 뜻대로라면 북녘을 연모한다는 의미다. 혹여 남북통일을 바라는 염원으로 세운 정자인가 싶지만, 그렇게 보기에는 분단의 세월보다 훨씬 나이가 많아 보인다.

연북정은 본래 군사시설의 일부였다. 왜구들의 노략질을 막기 위해 조선왕조가 제주에 세운 아홉 곳의 진성(鎭城) 중 하나였던 것이다. 조천포구 일대에 설치된 조천진은 높다란

연북정 조선시대 제주에 쌓은 진성의 성벽 위에 세웠던 망루다. 애초에 군사시설이었으나, 제주 발령을 받아 부임했던 관원이나 귀양 온 유배객이 바다 건너를 바라보며 그리움을 달래려 찾은 곳으로도 유명하다.

성벽을 두르고 있었다. 연북정도 처음에는 진성의 성벽 위에 세워졌던 망루로, 쌍벽루(雙碧樓)라고 불렸다. 그런데 쌍벽루를 축조하고 몇 년이 흐른 뒤, 선조는 성곽을 보수할 것을 명했다. 누각도 다시 짓기 시작했는데, 그때 얻은 이름이 연북정이다.

'북녘을 사모해 그리워한다'는 뜻에서의 북녘은 단순히 방위를 가리키는 말이 아니라 사람을 이르기도 한다. 포구가 뭍과 제주를 오가는 범선과 사람들로 북적대던 조선시대, 그 시절 관원의 신분으로 제주 발령을 받고 부임했던 이들이 있었다. 그리고 사색당파의 패권 다툼 속에 죄인이 되어 제주로 귀양 내려온 유배객들도 많았다. 제주에 발을 딛게 된 이들은 항상 바다 건너 북녘이 사무칠 수밖에 없었다. 그럴 때면 이 정자에 올라 아득한 수평선을 망연히 바라보며 그리움을 달랬다고 한다. 특히 죄인의 몸인 유배객들은 하루하루가 시련의 나날인 탓에 연북정의 단골손님으로 돌계단이 닳도록 오르내렸으리라.

조선시대 제주는 최고의 유배지였다. 유배 시절에 추사체를 완성했다는 조선의 천재 김정희, 해동의 송자로 불렸던 우암 송시열, 최고의 개혁 군주로 평가받는 비운의 임금 광해에 이르기까지 이름만 들어도 혀를 내두를 만한 인물들이 섬에 갇힌 채 오랜 시간 속박을 당했다. 유배객 중 저자에 나다닐 수 있었던 이들은 무던히도 연북정을 찾았다. 정자 누마루에 올라선 이들은 임금에 대한 충절의 마음을 담아 북녘을 향해 절을 올렸다고 한다.

가장 누추한 곳을 가장 성스럽게

연북정을 정문 삼아 기다란 방파제와 접안 시설이 자리한 포구에서 바라보는 한라산의 절경을 감상한 뒤, 마을 안쪽으로 걸음을 옮긴다. 조금 가다 보면 해녀탈의장 오른쪽에 승용차 한 대 크기의 생뚱맞은 담장이 나타난다. 아무리 마을 안길이지만, 그래도 자동차가 지나는 길가에 쓸모를 알 길 없는 담장이라니. 집을 허물다 담장 한쪽 귀퉁이만 남겨둔 것처럼 보이는 이 길가의 천덕꾸러기는 사실 '고망할망'이라는 여신을 모시는 신전이다. 고망할망이라는 제주 사투리를 표준어로 옮기면 '구멍 할머니' 정도다. 신전도 볼품없는 모양새인데 신의 이름마저 구멍 할머니라니 주책없는 입꼬리가 주인 몰래 실소를 지을 것만 같다. '새콧당' 또는 '고망할망당'으로 불리는 이 신전은 과연 어떤 사연을 지녔을까?

　제주 사람들은 마을마다 자신들의 보금자리와 생업을 지켜주는 신성을 모셔왔다. 신성을 모시는 신전을 당(堂)이라고 부르는데 마을에 따라서는 열 곳이 넘는 당을 보유하기도 한다. 마을을 지키는 여러 신들은 마치 정부의 각료들처럼 직능별로 권능을 나누어 갖는다. 마을의 모든 것을 주재하는 신을 본향당신이라 부르고, 그 밖에는 마을 사람들의 생업을 보호하거나 어린아이의 건강을 지켜주는 신 등 역할도 매우 다채롭다. 대부분의 당은 그곳에 모신 신성의 내력을 담은 신화를 갖고 있다. 새콧당의 여신 고망할망에게도 신화가 있다.

옛날 이 마을에 살던 장 씨가 뭍에서 쌀 수십 가마니를 사서 배에 싣고 고향으로 돌아오는 길이었다. 험한 뱃길에 지쳤던 그는 한라산과 조천포구가 아득하게 보이는 순간 안도의 숨을 내쉬며 무사 귀환의 기쁨을 만끽하고 있었다. 그때 하필 배에 구멍이 나고 만다. 침몰할 지경에 처하자 장 씨는 '이제 끝이구나' 낙심하며 주저앉았다. 그런데 갑자기 배에 뚫린 구멍 속에서 바다뱀 한 마리가 나오더니 똬리를 틀고 구멍을 막는 것이 아닌가. 물은 더 이상 스며들지 않았고, 배는 무사히 조천포구에 도착했다. 장 씨는 목숨을 구해준 뱀에게 큰절을 올리며 "어디든 뭍에 좌정하신다면 수호신으로 극진히 모시겠다"라고 말했다. 뱀은 대답이라도 하듯 갯가의 바위틈으로 기어들었다. 장 씨는 뱀이 들어간 바위 주변에 담장을 쌓고 돌로 축대를 쌓듯이 제단을 만들었다. 그때부터 장씨 일가가 대대손손 고망할망으로 모시게 되었다.

그런데 바닷가에 모셨다는 신당이 왜 마을 한가운데 있을까? 거기에는 또 다른 사연이 있다. 새콧당을 바라보는 길은 1980년대 초까지 바다였다. 조그맣던 옛 포구를 현대식으로 확장하며 바다를 매립한 끝에, 갯가의 바다 기슭에 있던 새콧당은 졸지에 바다와 영영 이별한 신세가 되고 말았다. 달라진 환경이 신성에게도 미친 것이다. 하지만 최근에도 여전히 해녀들이 바다 농사의 풍년을 바라는 영등굿을 치를 때 이 당에 찾아와 지극정성으로 기도를 올린다.

바다 건너 세상에 닿으려던 마음의 흔적

포구를 벗어나 바닷길을 따라서 동쪽으로 걷다 보면 해녀 양식장과 밀물을 따라 들어온 물고기를 가두는 돌 그물인 갯담을 만난다. 바다 기슭 쪽으로도 억새와 검불이 짙은 야성을 뽐내는 가운데 드문드문 돌담이 늘어선 모습도 보인다. 땅 한 조각도 없어서 바다 기슭에 오두막 한 채 크기도 못 되는 밭을 일궜던 가난한 이웃들의 흔적이다.

이런저런 풍광과 어울리며 걷던 길은 바닷가를 향해 불쑥 튀어나온 언덕바지 앞에서 절로 멈춰진다. 누군가 쌓아놓은 성벽처럼 보이기도 하고 방죽처럼도 보인다. 이 언덕의 이름은 '엉장매코지' 또는 '엉장매동산'이다.

세상이 완전하지 않았던 신화시대의 어느 날 바다를 헤치며 나타난 거대한 여신 설문대가 흙을 치마폭으로 날라 제주 섬을 만들었다. 설문대가 한라산이며 오름은 물론 곳곳의 지형지물을 창조하자 어느새 생명이 깃들며 초목과 짐승들이 살게 되었고 그들 속에 사람도 있었다.

부족함도 넘쳐남도 없는 보금자리를 얻은 모든 생명들이 오순도순 살아가던 어느 날, 사람들은 바다 건너 머나먼 곳에 또 다른 세상이 있다는 걸 알게 되었다. 사람들은 설문대 여신께 그곳과 이 섬을 잇는 다리를 놓아달라고 간청했다. 기도에 못 이긴 여신은 섬을 창조하느라 닳고 닳은 치마를 내보이

엉장매코지 바다를 향해 불쑥 튀어나온 모양새의 언덕 엉장매코지는 설문대가 다리를 놓으려다 만 흔적으로 여겨진다.

며 새 치마를 만들어주면 다리를 놓겠노라 약속을 했다. 거대한 여신의 치마를 만들려면 엄청나게 많은 양의 천이 필요했다. 무려 명주 100필을 모아야 간신히 치마를 만들 수 있었는데 사람들이 애써 끌어모은 양은 안타깝게도 한 필 모자란 99필이었다. 사람들이 명주를 모으는 사이 마땅한 곳을 찾아 흙을 쌓던 여신은 약속한 기일이 되어도 끝내 치마가 생겨나지 않자 하던 일을 멈추고 종적을 감춰버렸다. 이로 인해 뭍까지 닿은 다리를 원하던 사람들의 염원은 속절없이 사위었다. 설문대가 다리를 놓으려다 만 흔적만 그대로 남아있으니 바로 엉장매코지가 그것이다.

앞서 살펴봤던 연북정과 엉장매코지는 공통적으로 바다 건너를 떠올렸던 옛사람들의 열망을 담고 있다. 아마도 조천이 제주의 관문이었기에 인문과 자연 모든 것에 연륙(連陸)의 꿈이 깃들어 있는 것 같다.

22

신흥리해변
밀물져 오는 역사와 신화의 모래톱

조천포구와 함덕해수욕장의 중간쯤 되는 곳에 작지만 아름다운 마을 신흥리가 있다. 해안 마을인 신흥리는 주변 마을에 비해 작고 아담하지만 바다만큼은 다채롭다. 거칠고 황량한 현무암이 날카로운 이빨을 드러낸 갯가가 있는가 하면 적도의 해변을 그대로 옮겨온 듯한 물빛 고운 바다와 드넓은 모래톱이 아득히 펼쳐지는 해원도 있다. 누구라도 신흥리 바닷가를 찾아온다면 발에 석고라도 부은 것처럼 굳어 좀체 떼어지지 않기 마련일 테다.

바다만 다채로운 것이 아니다. 굽이굽이 각기 다른 개성을 자랑하는 이 마을 바닷가에는 상상과 실상이 교차하는 사람들

왜포연대에서 본 한라산 신흥리해변 언덕 위에 망루처럼 선 왜포연대에 올라 바다 반대편을 바라보면 눈 쌓인 한라산이 고스란히 눈에 들어온다.

의 사연도 오롯이 새겨져 있다. 어느 한 곳이 신화를 품고 있다면 또 어떤 곳은 역사의 유적이며 또 다른 곳은 신화와 역사가 하나로 뭉뚱그려져 있다.

관곶에선 뭍과 섬이 마주 본다

여신 설문대가 다리를 놓다 만 흔적이라는 조천리 엉장매코지 동쪽 비탈을 내려오면 이미 마을의 경계를 넘어선 신흥리다. 다시 동쪽을 향해 천천히 걸어서 5분 남짓이면 닿는 곳에는 바다를 조망하는 노천 휴게시설이 있다. 그 앞에는 이곳이 관곶임을 알리는 안내판이 서 있다. 바다가 아름답긴 하지만 망망한 바다만 펼쳐져 있을 뿐, 기억에 남을 기암괴석이 있거나 특별할 것도 없는데 전망대와 안내판을 세워놓은 이유가 궁금할 게다.

정성껏 단장을 한 데는 각별한 이유가 있다. 관곶이 제주섬 최북단의 끄트머리 꼭짓점이기 때문이다. 관곶에서 해남 땅끝마을까지의 직선거리는 83km로 가장 가깝다. 이곳 주민들은 날씨가 쾌청한 날이면 멀리 고흥반도까지 아련하게 볼 수 있다고 자랑한다.

관곶이라는 이름은 옆 마을의 조천포구가 제주와 뭍을 오가는 주요한 항구여서 조천관(朝天館)으로 불린 것에서 유래되었다. 그 옛날 뱃사람들은 뭍에서 항해를 시작해 조천관까지 오는 여정의 끝에 이 해안이 보이면 비로소 도착했다고 여겨 입항 채비를 했다고 한다. 관(館)으로 들어오는 어귀에 있는 곳이어서 관곶(館串)으로 불리기 시작한 것이다.

한 가지 흥미로운 점은 설화와의 연관성에 있다. 관곶에서 지척인 조천리의 엉장매코지는 제주를 창조했다는 여신 설문대가 뭍까지 다리를 놓아달라는 섬사람들의 청원에 응답해 흙과 바위로 공사를 시작하다 중단한 곳이라는 이야기가 전해진다. 신화며 전설이라는 것이 황당무계한 것이라 여겨지다가도 신통하리만치 사실을 반영한 면모를 발견하게 되면 적잖이 놀랄 수밖에 없다.

관곶을 알리는 안내판과 전망대 옆 바다를 향해 나 있는 좁은 포장도로를 따라 쭉 들어가면 그림에서나 본 듯한 하얀 등대가 보인다. 등대를 중심 삼아 시선을 좌우로 훑어보면 서쪽으로 멀리 삼양동의 원당봉이 있고 동쪽 끝으로는 함덕리의 서우봉이 바닷속에 밑동을 담근 모습이 보인다. 날씨가 좋은 날이면 물마루 아득한 곳에 남해안의 다도해가 그리움의 신기루로 길손을 반기기도 한다.

격랑을 타고 오는 불청객을 막아라

관곳을 거쳐 금모래해변을 향해 고즈넉한 바닷길을 걷다 보면 높다란 언덕 위에 서 있는 무언가가 눈에 들어온다. 현무암을 쌓아놓은 모양이 돌탑 같기도 하고 망루 같기도 한 이것은 '연대(煙臺)'라고 불리는 조선시대 군사 방어 시설이다. 연대의 정확한 이름은 신흥리의 옛 이름인 왜포와 맞물린 '왜포연대'다.

조선시대 제주는 왜구들의 노략질이 끊이지 않았던 곳이다. 이 때문에 조정에서는 제주 안에 아홉 곳의 진(鎭)을 설치했고, 적정(敵情)을 살펴 신호를 보내는 봉수대를 곳곳에 세웠다. 중산간의 오름 지대에 봉대(烽臺) 스물다섯 곳, 해안가에는 서른여덟 곳의 연대가 세워졌다. 왜포연대도 그들 중 하나다.

고려 말부터 축조되기 시작해 19세기까지 톡톡한 역할을 했던 연대는 현재까지 스물세 곳 정도가 남아있으며 제주특별자치도기념물 제23호로 지정되어 있다. 오름에 자리 잡았던 봉대는 먼바다를 살피며 적선의 출몰을 관측했고 해안가의 연대는 그들이 배를 대는 곳을 살펴 주변에 알리는 역할을 했다.

왜포연대는 제주의 다른 연대들이 직육면체에 가까운 사각형 모양인 것과 다르게 둥근 원형으로 축조되어 조형적인 아름다움을 뽐낸다. 이 연대는 조천진 소속의 별장(別將) 6명과 직군(直軍)이나 연군(煙軍) 12명이 배치되어 24시간 교대방

왜포연대 연대는 제주에 설치한 아홉 개의 진에서 서로 신호를 보내기 위해 세운 봉수대다. 해안가에 서른여덟 곳의 연대를 세웠는데 신흥리의 옛 이름인 '왜포'에 자리해 왜포연대라 이름 붙여졌다.

식으로 지켰으며, 동쪽으로는 함덕연대, 서쪽으로는 조천연대와 신호를 주고받았다고 한다. 지금은 그 쓸모를 다해 하늘 높이 피어올랐던 연기가 걷힌 지 오래됐지만, 이곳에서 경비를 섰던 말단 연군들은 관아의 공노비였다고 하니 그들로서는 이 또한 버티기 힘든 고역이었다는 생각이 든다.

제주도 유일의 수중 방사탑

왜포연대를 지나 마을로 가다 보면 해안선이 반달 모양으로 깊숙하게 휘어진 금모래해변이 나타난다. 밀물일 때는 그야말로 코발트빛 바다가 비단을 깔아놓은 것처럼 반짝거린다.

그런데 바다 한가운데 수상한 돌무더기들이 있다. 잘 살펴보면 자루처럼 휘어진 해변 양쪽 가장자리에도 돌무더기가 각각 하나씩 서 있다. 모두 다섯인 이 돌무더기는 제주 사람들이 비보풍수로 쌓아놓은 방사탑이다. 오랜 역사를 가진 제주의 마을이라면 으레 방사탑을 지니고 있는데, 이곳 신흥리 것이 유별한 점은 세상 어디에도 없는 수중 방사탑을 세웠다는 점이다. 감포 앞바다에 신라 문무대왕의 수중릉 대왕암이 있다면 신흥리에는 수중탑이 있는 셈이다.

방사탑이 서 있는 이 해변은 마을 쪽으로 깊이 휘어져 있어서 바닷물이 코앞까지 들고나는 곳이다. 이 때문에 20세기 초까지도 왜구들이 자주 침입했다. 왜포연대에서 적정을 탐지한 연군이 신호를 보내면 조천진의 군사들이 기동했지만 재빠른 왜구들은 노략질을 끝내고 종적을 감춰버리는 일이 잦았다. 속수무책으로 당하기 일쑤였던 마을 사람들은 제 손으로도 대책을 세우기 시작했다. 마을 사람들은 액운을 막는다는 방사탑을 쌓기로 했다. 1898년 1월에 세워진 방사탑은 왜구뿐만 아니라 태풍이나 해일로 인한 피해까지 한꺼번에 두루두루 막을 목적으로 바다에 세워졌다. 다섯 기의 방사탑은 신흥마을 바닷가의 든든한 지킴이로 자리 잡게 되었다.

수중 방사탑 1898년 마을의 액운을 막기 위해 세웠다. 왜구, 태풍, 해일 등의 피해를 두루 막기 위해 바다에 세웠는데, 다섯 기 중 세 기가 무너졌다가 2006년에 다시 복원하였다.

오랜 세월을 버티던 방사탑이었지만, 1950년대에 세 기가 무너져버리고 말았다. 다시 세울 법도 한데, 이미 왜구는 존재하지 않는 시절이거니와 과학적으로 개명된 시대이니 누구 하나 나서지 않았다. 그렇게 두 기만 남아 간신히 마을을 지킨 시간이 다시 오십여 년이 흘렀다.

2006년에 이르러 마을에 해안도로를 만들면서 방사탑은 다시 복원되었다. 이때에도 마을에 안 좋은 일이 속출하자 복원을 결의했다고 하니, 수십 년 전에 사라진 줄 알았던 이들의 주술적인 세계관은 여전히 사위지 않는 듯하다.

꽃넋이 진 자리에 영험이 서리고

방사탑이 물결 위에 나앉은 풍경을 감상하고 그대로 뒤돌아서면 해안도로 건너편에 조그만 돌담이 보인다. 이 마을의 수호신을 모시는 신당이다. 보리장나무 아래 당이 자리했다고 해서 '볼레낭당'이라고 부른다. 볼레낭은 보리장나무의 사투리다. 이 당의 주인은 과연 어떤 신일까? 놀랍게도 백여 년 전이 마을에 살았던 박 씨 처녀다. 이 처녀는 어쩌다 여신이 되었을까?

19세기 말이었다고 한다. 불법으로 조선 바다에서 조업하던 일본인들은 어부인 동시에 왜구의 본성을 숨긴 자들이라

때때로 제주의 해안 마을을 쑥대밭으로 만들기 일쑤였다. 이런 불안감 속에도 박 씨 처녀는 물질을 해야 하는 처지라 위험을 무릅쓰고 매일같이 바다에 뛰어들었다. 그러던 어느 날 사달이 나고 말았다. 왜구의 본색을 드러내 겁탈하러 달려드는 일본인 선원을 피해 달아나다가 이 보리장나무 덤불 아래서 목숨을 잃고 만 것이다. 이 일이 벌어진 뒤 박 씨 처녀의 원혼을 안타깝게 여긴 마을 사람들이 이곳에 당을 만들어 모시게 된 것이 오늘에 이르게 되었다. 그 때문에 이 마을에서는 지금도 음력 정월에 굿을 치를 때는 물론 평상시에도 볼레낭당에는 남자라면 그림자조차도 얼씬하지 못하게 엄히 출입을 금하고 있다. 남자에 의해 목숨을 잃은 여신이어서 그렇다고 한다. 마을 사람들의 금기가 얼마나 강력한지 지금까지도 동네 남성들이 이 당 앞을 지날 때는 쳐다봐서도 안 되고 시선을 다른 쪽으로 돌려 에둘러 지나가야 한다. 나 또한 조사를 위해 이 마을에 무시로 드나들었지만 정작 이 당은 먼발치에서 바라만 볼 뿐 단 한 번도 들어선 적이 없다.

23

큰엉해안경승지
물보라에 무지개 서리는 바다

남원리는 '남원(南元)'이라는 한자 그대로 풀이하자면 '남쪽의 으뜸 마을'이다. 산압 최고의 마을이라는 뜻이다. 애초에 의귀리에 속한 '서의귀리'였는데, 1900년경에 다른 마을로 분리되면서 이와 같은 이름이 지어졌다고 한다. 남원리라는 지명이 붙여지기 이전에는 '쉘록개' 또는 '쉘왓개'로 불리는 곳과 '재산잇개'라는 두 동네를 중심으로 마을이 이루어져 있었다. 1935년에 남원리는 다시 해안 지대인 1구와 내륙 지대인 2구로 분리되며 오늘날로 이어졌다.

서귀포 바다의 비경 중 한 곳인 큰엉을 포함한 남원1리의 해안은 해식애와 해식동굴이 기묘한 풍광을 자아낸다. 장수

여 등 수중 암초가 발달해 해녀들에게는 더없는 좋은 바당밧
(바다밭)이기도 하다.

진상나무에서 대학나무로

남원1리는 제주를 대표하는 과일인 감귤 산지 중에서도 최상
품이 생산되는 곳으로 널리 알려져 있다. 우리나라에서 겨울
이 가장 짧고 강우량이 많은 곳으로, 재배의 최적지로 꼽혀 남
원1리 주민 대다수가 감귤 농사를 한다. 남원1리를 비롯한 제
주 전역에서 황금빛 탐스러운 향기를 내뿜는 감귤의 이력서는
어떻게 쓰이기 시작했을까?

　요즘 우리가 즐겨 먹는 감귤은 중국이 원산지인 온주밀감
으로, 일제강점기에 소수의 일본인들이 들여와 재배한 것이
시작이었다. 이후 1960년대에 이르러 정부 시책으로 장려하
면서 제주 농업의 중심 작물로 자리 잡게 되었다.

　사실 온주밀감이 들어오기 전에도 제주에는 토종 귤이 있
었다. 제주 목사를 지낸 이원진이 1653년에 저술한 탐라지(耽
羅志)에는 동정귤, 감자, 유자, 당유자, 금귤, 홍귤, 산귤 등 열
두 가지의 토종 귤이 있었다고 기록되어 있다. 이 귤들은 주
로 관아에서 운영하는 36개소의 과원에서 재배되었는데 수확
하기 무섭게 왕께 올려 보내는 진상품이었다. 당시 제주 백성

제주 감귤 1653년 탐라지에는 제주에 총 열두 가지의 토종 귤이 있었다고 기록되어 있다. 남원1리는 제주 감귤 산지 중에서도 최상품이 생산되는 곳이다.

들은 조정의 진상품을 마련하고 운송하는 과정까지 책임져야 하는 부역에 시달렸는데 그중에서도 극악한 여섯 가지를 손꼽으며 감귤 재배에 동원되는 소임을 이에 포함시켰다. 6고역은 귤을 재배하는 과원(果員)을 비롯해 미역을 따는 잠녀(潛女), 전복을 잡는 포작(鮑作), 국영 목마장의 말을 기르는 목자(牧子), 진상품을 운반하는 뱃사람인 격군(格軍), 관청의 땅을 경작하는 답한(畓漢)까지 여섯 가지였다.

임금이며 고관대작에게는 귤이 그지없이 달콤한 것이었지만 제주 백성들로서는 맛을 보기는커녕 귤나무 자체가 고난의 상징이었다. 어쩌다 관아 소관의 과원이 아닌 민간의 땅에 자라는 귤나무가 있으면 땅 주인에게 관리를 맡겨놓은 뒤, 수확기에 이르면 깡그리 빼앗아 가기도 했다. 곱게 빼앗아 가기만 했어도 좋으련만 봄에 귤꽃이 피어나면 숫자를 헤아린 뒤 가을에 그만큼의 열매를 가져가겠노라고 으름장을 놓았다. 귤이야 탐스럽게 망울지겠지만 봄철의 꽃과 숫자가 맞아떨어질 리 만무했다. 숫자가 틀리면 귤나무를 떠맡은 백성은 관아에 끌려가 치도곤을 당하기 일쑤였다. 그 때문에 제주 백성들은 남몰래 귤나무 밑동을 파내어 뿌리에 뜨거운 물을 부어가며 고사시키기까지 했다. 오죽하면 귤나무를 '진상나무'라고 불렀을까.

고난의 상징이던 진상나무는 60년대 정부 시책으로 육성되면서 제주 농업의 중심 작물로 자리 잡기 시작했다. 7~80년대에는 고수익을 거둘 수 있는 작물이라 귤나무 한 그루만 있어도 자식을 대학에 보낼 수 있다며 '대학나무'로 불리기도 했다. 2000년대 들어서는 경쟁력을 높이기 위해 한라봉 등 제주의 환경 특성에 맞는 만감류가 생겨났다. 귤을 맺던 귤나무가 회수 북쪽으로 건너가면 탱자가 된다는 회귤위지의 고사가 떠오르는 변화다.

파도보다 먼저 신과 만나야 하는 삶

남원1리는 해안 마을답게 아늑한 포구를 지니고 있다. 속칭 생이머리코지와 알덕 사이의 재산잇개에 있는 남원포구는 현무암을 튼실히 쌓은 옛 모습이 대부분 남아 있다.

고깃배들의 행렬 한쪽에 굽이진 담장을 두른 '돈짓당'도 그다지 변하지 않은 채 경건한 기도를 바라고 있다. 돈짓당이란 바닷일을 하는 어부나 해녀들을 보살펴주는 신을 모시는 성소다. 제주의 해안 마을이라면 대부분이 지니고 있다. 돈지는 둑이나 포구를 뜻하는 제주의 옛말이다.

마을에 따라 갯가에 있다고 해서 개당으로도 불리는 돈짓당에는 보통 돈지할망, 돈지하르방, 요왕할망, 선왕신 등을 모신다. 남원포구의 돈짓당도 크게 다르지 않아 돈지할망과 돈지하르방을 모시고 있다. 한 가지 특별한 점은 도로공사로 말미암아 사라진 본향당인 '널당'의 당신(堂神)인 하로영산백관또를 함께 모신다는 점이다.

남원포구에서 동쪽으로 뻗어 나간 해안도로를 따라가면 큰엉해안경승지의 서쪽 진입로와 만난다. 이곳은 '구럼비엉'이라고 불리는 곳인데 진입로 들머리에서 바다 쪽 비탈을 내려서면 구럼비엉 줍녀당이 자리해 있다. '구럼비'라는 말은 뜻

구럼비엉 잠녀당 '요왕또'라는 바다 신을 모시는 이곳에는 주로 해녀들이 찾아와 정성을 들인다. 기우제터로도 유명한 이곳은 기우제를 마치고 나면 사흘 안에 꼭 비가 와 영험함을 보이기도 했다.

이 전해지지 않지만 '엉'은 절벽이나 구렁텅이 등으로 풀이되는 제주 사투리다. 구럼비엉 줌녀당에는 '요왕또'라는 바다의 신을 모시는데 이곳에는 해녀들이 주로 찾아온다. 물때에 맞춰 생사를 넘나드는 물질에 나서는 해녀들로서는 생명을 의탁할 의지처가 필요하다. 때문에 자신만의 성소를 마련하고 때때로 찾아와 정성스레 기도한다.

당이 자리한 구럼비엉은 마을의 기우제터로도 유명하다. 비가 많이 내리기로 유명한 제주라지만 한번 가뭄이 들면 좀체 사월 줄 모르는 불볕이 기승을 부리는데 이럴 때면 어느 마을이든 발 벗고 나서서 기우제를 올렸다. 구럼비엉의 기우제는 이러하였다. 먼저 구럼비엉 벼랑 위에 제단을 마련해 제를 올린다. 제를 다 마치고는 큼지막한 돌덩이 세 개를 세 바퀴씩 굴린 뒤 큰 함성을 지르며 구럼비엉 벼랑 밑으로 떨어뜨리는 것으로 기우제를 마쳤다. 이렇게 기우제를 마치고 나면 사흘 안에 틀림없이 비가 내렸다고 한다.

바다가 수놓은 무지개를 만나면

큰엉해안경승지에는 여러 가지 비경이 있는데 절벽가의 산책로에 들어서기에 앞서 사람들을 맞이하는 것은 널따란 잔디밭 위의 연못가에 선 물허벅 진 여인의 석상이다. 석상이 자리한 연못은 '바우못' 또는 '황고지못'으로 불린다. 바우못이란 주위에 바위가 많아서 붙여진 이름이다. 그럼 황고지는 무슨 뜻일까? 이와 비슷한 뜻으로 쓰이는 말에 상고지, 항고지, 황우지, 황우치 등이 있는데 모두 무지개를 뜻하는 제주 사투리다. 그런데 이 중에서도 황고지는 하늘에 뜬 무지개가 아니라 물보라에 서린 무지개를 이르는 말이다. 황우지, 황우치도 마찬가지다. 스노클링 명소로 유명한 서귀포시 외돌개의 황우지와 안덕면 화순해수욕장의 절경 황우치 해변이 갯바위와 절벽에 부딪힌 물보라에 무지개가 서린다고 해서 이런 이름을 얻었다고 한다. 큰엉의 황고지못도 이처럼 큰엉 절벽에 무지개가 서리는 것에서 비롯된 이름이라고 할 수 있다.

해식동굴과 해식애의 비경을 자랑하는 산책로에는 여러 가지 볼거리가 있는데 그 중 '쉐 털어지는 고망'(소가 떨어지는 구멍)으로 알려진 우렁굴은 예부터 유명한 곳이었다. 큰엉 절벽 위의 널따란 풀밭에서 풀을 뜯던 소들이 더위를 피할 요량으로 그늘을 찾다 수십 미터 아래 바다까지 뚫린 바위 구멍에 빠져 죽는 일이 잦아서 이 같은 이름이 붙여졌다고 한다. 우렁굴 근처에는 산책로 주변을 감싸듯이 자라난 사스레피나무와 보리장나무들이 터널처럼 우거졌는데 그 틈이 마치 우리나라의 지형을 닮았다며 '한반도 모양 나무 터널'이라고 부른다.

인디언 추장 얼굴 바위 인디언 옆얼굴 모양을 한 바위가 바다를 바라보고 서 있다. 큰엉해안 경승지는 다양한 기암괴석이 볼거리를 선물한다.

이곳의 절경은 무엇보다 큰엉이다. 바다 기슭의 높다란 절벽에 자리한 엄청나게 크고 깊은 바위 그늘. 햇살이 쨍쨍 비치는 날 갑작스럽게 파도가 거칠어지면 물보라가 치솟아 오르는데 이때 황고지라고 불리는 무지개가 나타난다. 좀처럼 쉽게 볼 수 없는 것이 아쉬움이긴 해도 커다란 해식동굴의 비경을 보는 것만으로도 후련해진다.

이 밖에도 절벽의 모습이 바다를 향해 입을 벌린 호랑이를 닮았다는 호구암과 여인의 젖가슴을 닮았다는 유두암, 사람의 옆얼굴을 닮았다는 인디언 추장 얼굴 바위도 이채로운 구경거리니 천천히 거닐며 바닷바람에 풍욕을 하면 좋을 법하다.

24

제주동백마을
동박새 지저귀는 동백의 정원

남원읍 신흥2리는 삼백여 년 전인 1681년에 광산 김씨 일가가 '여우내'라고 불리는 곳으로 들어와 정착하면서 마을이 생겨난 곳이다. 신흥리라는 마을 이름은 1914년에 온천리, 동의리, 안좌리, 토산리의 일부분을 따로 구획 지어 새 마을을 탄생시킬 때 지어졌다. '신흥(新興)'이라는 뜻도 새롭게 부흥하라는 의미를 지니고 있다. 1954년 1구와 2구로 나뉘면서 오늘날의 신흥2리로 이어졌다.

4·3 당시 제주도 중산간 모든 마을에 소개령이 내려져서 1948년 12월 14일을 시작으로 신흥2리에 살던 사람들이 신흥1리를 비롯해 인근 마을인 태흥리, 토산리 등지로 떠나야만

했다. 4·3의 총성이 잦아든 1962년에 이르러서야 고향을 찾아 되돌아온 사람들이 마을을 재건했지만 신흥1리에 비해 규모가 작아진 채로 오늘에 이르고 있다.

강산이 여러 차례 변신하는 사이 신흥2리는 다시 아름다운 마을로 거듭났다. 마을로 이어진 들머리의 도로변에는 동백마을이라는 글씨가 또렷한 아치가 서 있다. 여기서부터 꽃 멀미가 시작된다. 아치부터 마을 안쪽까지 가로수며 돌담에 기대어 자란 방풍림까지 동백나무가 지천이다. 붉은 꽃들이 일제히 망울을 한껏 벌리는 2~3월이면 마을 전체가 붉은 주단을 깔아놓은 것처럼 황홀경을 뽐내니 꽃향기에 취하면 멀미가 나지 않고 배기겠는가.

동백의 단심을 닮은 몰라 구장

신흥2리가 발그레한 동백꽃의 낙원으로 되살아가기까지 많은 사람들의 헌신과 노력이 있었지만 반드시 첫손에 꼽아야 할 이가 있다. 그이는 바로 '몰라 구장'이다. 몰라 구장은 4·3 당시 이 마을의 구장(당시의 이장)이었던 김성홍 선생의 별명이다. 바보 천치여서 이런 닉네임을 얻었을까?

제주 사람이라면 잊지 못하는 해 1948년, 해방의 기쁨과 통일된 새 나라 건설의 열기로 가득 찼던 제주섬에 먹장구름

274

엉기듯 어두운 기운이 덮이기 시작했다. 4·3무장봉기와 5·10 단독선거반대운동을 거치는 사이 폭도의 섬이라는 구렁텅이 속으로 빨려든 것이다. 급기야 바람 끝이 차가워지는 가을이 되자 해안선에서부터 5km 이상 떨어진 중산간의 모든 마을에 소개령이 내려졌다.

신흥2리에도 예외 없이 소개령이 떨어졌고 모든 주민이 마을을 떠나 해안 마을로 내려왔다. 시키는 대로 고향 마을을 떠나면 살 수 있겠거니 여겨 거처를 옮겼는데 청천벽력 같은 일이 벌어졌다. 토벌대가 전과를 채우기 위해 이들의 목숨을 전리품으로 선택한 것이다. 1948년 12월 18일에 벌어진 일이었다. 신흥2리에 들이닥친 토벌대는 청년 40여 명을 무장대와 내통했다는 혐의로 끌고 갔다. 당시 제주 사람들 중 일부는 무장대의 협박이 두려운 나머지 식량을 내주는 등 목숨을 부지하기 위해 어쩔 수 없이 협조하는 경우가 있었다. 토벌대의 눈에는 그들도 폭도로만 보였던 모양이다. 누군가를 협박해서 거짓으로 작성한 명단을 들이민 것이다. 무장대와 내통한 이들의 허위 명단이었다. 사태가 벌어진 다음 날 지레 겁을 먹은 청년 30여 명은 자진해서 남원 지서로 찾아가 자수했다. 혹여 그 명단에 자신의 이름이 있을까 싶어서였다. 토벌대는 명단 확인은커녕 사정도 묻지 않고 전날 잡아 온 청년들과 이들을

정방폭포 바다로 떨어지는 폭포가 경이로운 풍경을 선물해 유명 관광지로 사랑받는 정방폭
포 역시 4·3 학살의 아픔을 간직한 곳이다.

합친 70여 명을 남원 지서 근처와 멀리 정방폭포까지 끌고 가서 무참히 살해했다.

이 날의 참상을 지켜본 사람들은 후일 사건을 증언하며 '홀치기사건'이라고 불렀다. 홀치기는 낚시의 일종이다. 낚싯바늘 여러 개가 주렁주렁 매달린 낚싯줄을 물고기 떼가 몰려있는 곳에 드리워놓고 낚싯대를 잡아채는 방식이다. 낚싯대를 세차게 잡아채면 바늘마다 물고기가 꽂힌 채 올라온다. 바늘이 머리에 꽂히는가 하면 몸통이며 꼬리가 꿰어진 채 버둥대는 물고기도 있다. 인정사정없는 떼죽음이다. 무고한 죽음이 얼마나 치 떨렸으면 그날의 학살을 홀치기사건이라고 했을까.

무고한 죽음이 이어지는 가운데 한 사람이라도 더 살려내려고 혼신을 다한 사람이 몰라 구장이다. 마을의 책임자라는 소임 탓에 토벌대는 수도 없이 그를 불러 청년의 행적과 소재 등을 캐묻곤 했는데 그때마다 모른다고 답하며 완강히 버텼다. 좋은 말이든 나쁜 말이든 입 밖으로 나오는 모든 말이 총알로 탈바꿈할까 봐서 한사코 모르쇠로 일관한 것이다. 그는 남몰래 찾아든 무장대에게도 같은 태도로 일관했다. 자칫 자신이 위험해질 수 있었지만 희생을 최소화하기 위해 헌신한 그가 있어서 많은 사람들이 살아남았고 오늘날의 동백마을이 다시 태어난 것이다. 그 덕분에 김성홍 선생의 자손들은 지금까지도 '몰라 구장 아들', '몰라 구장 딸'로 불린다고 한다.

몰라 구장 말고도 남원 지서 파견소장으로 부임했던 장성순 경사 또한 많은 목숨을 지켜온 의인 중 한 사람이다. 그는 무장대를 도운 사람들의 사정을 헤아려 과거의 모든 혐의 일체를 불문에 붙이고 자신이 직접 본 사건이 아니면 어떤 판단도 하지 않겠다고 선언했다. 신흥2리에는 그의 선행 덕에 목숨을 부지한 사람들이 아직도 살고 있다고 한다. 동백의 꽃말이 진실한 사랑이란다. 몰라 구장과 장 경사야말로 동백의 꽃말에 들어맞는 진실한 사랑의 의인이다.

동백마을이 태어나기까지

무정한 시간이 칠십년 세월을 뒤도 안 돌아보고 흘러가는 사이 상처는 전혀 아물지 않았지만 살아남은 이들에겐 천근 같은 마음의 짐이 떠안겨졌던 모양이다. 그렇게 악착같이 버텨오는 사이 제주4·3특별법이 제정되었고, 국가가 나서서 공식 사과하는 진전을 이뤄냈다. 무고한 희생이 백일하에 드러나고 이념 공작의 굴레도 점차 헐거워지자 신흥2리 주민들은 마을의 생기를 북돋우기 위해 진지한 토론을 이어갔다. 깊은 논의의 결과가 동백마을 만들기로 이어졌다.

동백은 제주에 널렸는데 이들이 굳이 이 꽃을 선택한 이유는 무엇일까? 한겨울이 깊어 추위가 익을 대로 익을 무렵 제주 곳곳에서 동백꽃이 선혈처럼 터져 나오지만 이곳이 아니고선 볼 수 없는 절경이 있다. 그 주인공은 무려 수령이 삼백여 년을 훌쩍 넘는 동백나무숲이다. 이미 그 가치를 인정받아 1973년에 제주도지방기념물 제27호로 지정된 숲이다. 마을 사람들은 이 숲에 주목한 것이다. 동백마을을 만들기 위한 노력은 '동백고장보전연구회' 결성을 시작으로 본격화되었다. 지금도 동백꽃을 찾아 이 마을에 들어서면 '동백마을 방문자센터'와 '동백고장보전연구회'라는 간판이 사이좋게 걸린 체험

동백마을 방문자센터 동백마을을 만들기 위한 노력이 결집된 곳이다. 동백을 활용한 다양한 체험 프로그램이 준비되어 있다.

센터와 만날 수 있다. 이곳은 다양한 체험 프로그램을 마련해 방문객들을 기다린다. 여기에다 동백방앗간까지 만들어서 손수 거둬들인 동백 씨앗으로 정성껏 기름을 짜서 곳곳에 판매한다.

2007년에 결성된 동백고장보전연구회의 노력은 이뿐이 아니다. 사유지였던 800여 평의 동백나무숲을 공유화했고 2008년부터 2014년까지 칠 년 동안 총 연장 15km에 걸쳐 300여 그루의 동백나무를 심었다. 그들의 노력은 2009년 '제10회 아름다운 숲 전국대회' 숲지기 부문 공존상 수상이라는 결실로 이어졌다.

동백의 정원에 정령이 있을까 하여

동백나무숲은 동백마을 방문자센터에서 지척이다. 마을 안 좁은 길을 굽이돌면 하늘을 가릴 듯이 웃자란 동백나무들이 자태를 드러낸다. 담장을 두른 입구에 거목이 된 동백나무의 이력서가 푯말로 서 있다. 신비로운 그늘이 덮인 숲으로 한 걸음 내디디면 왕실의 내밀한 후원 같은 비경 속으로 빨려든다. 마을이 만들어지던 시절 방풍림으로 심어진 삼백 년 수령의 동백나무는 물론 보호수로 지정된 거대한 팽나무 세 그루도 숲의 정령처럼 그윽하다. 참식나무, 생달나무, 후박나무가 동백나무의 이웃으로 함께 서 있다. 천천히 걸어도 채 10분이 걸리지 않는 작은 숲이지만 별세계에 들어섰다는 착각이 걸음을 묶어버린다. 동백꽃을 매만지는 바람 소리, 이름 모를 새 소리는 마법의 주문일까? 몸이 돌처럼 굳어 뒤꿈치를 떼기가 어렵기만 하다. 몸이 풀릴 때까지, 아니 정확히는 마음이 풀릴 때까지겠다.

제주 사람들에게 동백은 뜨락의 관상수이며 바람 많은 섬의 방풍림이었다. 마을에 혼사가 있어 잔치가 벌어지면 신랑 신부의 친구들이 대나무와 솔가지로 아치 모양의 '솔문'을 꾸미며 잔칫집 들머리에 세웠는데 계절이 들어맞을 땐 으레 동백꽃으로 장식했다. 어디 잔치판뿐일까. 굿판에서는 동백꽃을 생불꽃이라고 부르며 생명의 탄생과 부활을 상징하는 꽃으로 여겼다. 제주신화 중 하나인 '삼싱할망본풀이'의 주인공 삼신 할머니를 모시는 불도맞이굿에서는 무엇보다 중요한 신물로 여기곤 했다.

꽃이 생명을 불어넣는 영력을 지녔다면 씨앗은 몸을 살리는 음식이며 약재였다. '돔박씨'라고 불리는 씨앗으로 기름을 짜면 모발을 보호하는 머릿기름으로 썼다. 음식을 조리할 때에도 자주 쓰였으며, 기관지에 좋다고 여겨 아침마다 한 숟가락씩 들이켜는 약으로도 쓰였다. 또 어떤 이들은 집 안의 가구

동백마을 동백나무 신흥2리의 동백나무숲은 삼백 년이 넘는 역사를 가진 마을의 보물이다. 동백꽃이 만개하는 2~3월이면 마을 전체가 붉은 비단을 펼쳐놓은 것처럼 아름답게 물든다.

나 마룻널에 동백기름을 발라 오래 견디게 했으니 제주 사람들에게 동백은 각별한 나무였다.

한겨울에 빨간 꽃망울을 터뜨리는 동백에 매료된 이들이 제주로 밀려들어 선흘리 동백동산, 위미리 동백군락지, 그리고 이곳 신흥리의 동백나무숲을 즐겨 찾게 되자 근래에는 외래종 애기동백꽃도 대단한 인기몰이 중이다. 신흥2리에도 애기동백이 토종 동백과 어울려 여기저기 피어있다. 사실 일본이 원산지인 애기동백은 '사상까'가 본이름이며 산다화의 일종으로 동백과는 다른 수종이다. 토종 동백은 늦겨울부터 춘삼월까지 만발하고 애기동백은 늦가을부터 피어나 겨울을 난 뒤 봄이 오면 낙화한다. 관상용 원예수로 우리나라에 들어와 동백의 일종처럼 자리 잡은 꽃이니 제주 토박이들은 정확히 구분하며 따지는 이들도 더러 있다. 분홍빛으로 유혹하는 사상까보다는 선혈처럼 붉은 토종 동백이 그들의 열띤 가슴을 닮아서 그런가보다. 몰라 구장과 동백마을의 붉은 꽃은 이제 4·3의 상징이 되었으니 이곳을 찾을 땐 동백 배지를 가슴에 다는 것을 잊지 말라고 당부한다.

제주 동쪽 연표

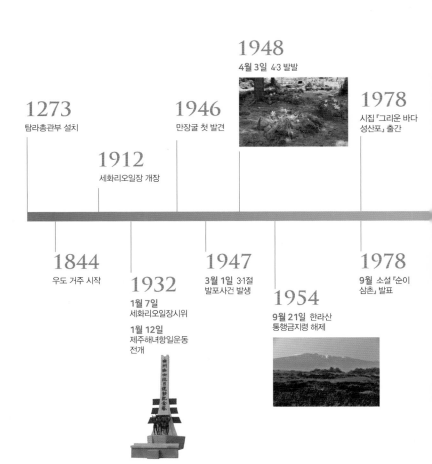

1273
탐라총관부 설치

1912
세화리오일장 개장

1946
만장굴 첫 발견

1948
4월 3일 4·3 발발

1978
시집 『그리운 바다 성산포』 출간

1844
우도 거주 시작

1932
1월 7일
세화리오일장시위
1월 12일
제주해녀항일운동
전개

1947
3월 1일 3·1절
발포사건 발생

1954
9월 21일 한라산
통행금지령 해제

1978
9월 소설 『순이
삼촌』 발표

2006
제주해녀박물관 개관

2014
동백동산
세계지질공원 대표
명소 지정

1995
제주해녀항일운동
기념사업회 결성

2010
10월 1일 제주도
전체 유네스코
세계지질공원 인증

2000
1월 제주4·3특별법
제정

2007
7월 2일
성산일출봉, 한라산,
거문오름 – 유네스코
세계자연유산 등재

2011
동백동산 람사르습지
지정

2018
숨비소리길 조성

참고 자료

가시리신문화공간조성 추진위원회, 『문화지도 제주 가시리』, 2010.

고광민, 『제주 생활사』, 한그루, 2016.

권영옥 外, 〈제주바다올레 올레길 16코스~21코스〉, 제주특별자치도, 2014.

문충성 外, 『한국의 발견/한반도와 한국사람 제주도』, 뿌리깊은나무, 1983.

오창명, 『제주도 오름 이름의 종합적 연구』, 제주대학교 출판부, 2007.

오창명, 『제주도 마을 이름의 종합적 연구 I 행정명사/제주시 편』, 제주대학교
　　　출판부, 2007.

오창명, 『제주도 마을 이름의 종합적 연구 II 서귀포시 편』, 제주대학교 출판부,
　　　2007.

우도지 편찬위원회, 『우도지』, 우도지 편찬위원회, 2007.

제주도·㈜제주4·3연구소, 『제주4·3 유적 I 제주시, 북제주군』,
　　　제주도·㈜제주4·3연구소, 2003.

제주도·㈜제주4·3연구소, 『제주4·3 유적 II 서귀포시, 남제주군』,
　　　제주도·㈜제주4·3연구소, 2004.

제주도·한라산생태문화연구소, 『한라산 총서 II 한라산의 지형·지질』,
　　　제주도·한라산생태문화연구소, 2006.

제주4·3 제50주년 학술·문화사업추진위원회, 『잃어버린 마을을 찾아서』, 학민사,
　　　1998.

㈜제주섬문화연구소, 『제주도 해녀문화총서 I 조천읍 구좌읍』, 제주특별자치도,
　　　2019.

제주특별자치도 문화관광해설사회, 『구좌읍의 갯담과 불턱』, 제주특별자치도
　　　문화관광해설사회, 2009.

제주특별자치도 민속자연사박물관, 『2007 우도 학술조사 보고서』, 2007.

제주특별자치도·㈜제주역사문화진흥원, 『유네스코 제주 세계자연유산마을
　　　선흘1리』, 제주특별자치도·㈜제주역사문화진흥원, 2010.

제주특별자치도·㈜제주전통문화연구소, 『제주신당조사 제주시권』,
　　제주특별자치도·㈜제주전통문화연구소, 2008.

제주특별자치도·㈜제주전통문화연구소, 『제주신당조사 서귀포시권』,
　　제주특별자치도·㈜제주전통문화연구소, 2009.

제주특별자치도·한국문화원연합회제주특별자치도지회, 『구좌읍 역사문화지』,
　　제주특별자치도 문화원연합회, 2017.

제주특별자치도·한국문화원연합회제주특별자치도지회, 『남원읍 역사문화지』,
　　한국문화원연합회 제주특별자치도지회, 2008.

제주특별자치도·한국문화원연합회제주특별자치도지회, 『성산읍 역사문화지』,
　　한국문화원연합회 제주특별자치도지회, 2010.

제주특별자치도·한국문화원연합회제주특별자치도지회, 『조천읍 역사문화지』,
　　한국문화원연합회 제주특별자치도지회, 2011.

제주특별자치도 해녀박물관, 『제주해녀의 생업과 문화』, 제주특별자치도
　　해녀박물관, 2009.

한림화 外, 〈제주바다올레 올레길 1코스~4코스〉, 제주특별자치도, 2014.

허남춘, 『설문대할망과 제주신화』, 민속원, 2017.

허영선 外, 〈제주바다올레 올레길 5코스~10-1코스〉, 제주특별자치도, 2014.

사진 제공

ⓒ강건모 66쪽

ⓒ우쓰라 4~5쪽, 35쪽, 38쪽, 51쪽

ⓒ책방무사 220쪽

ⓒ한국향토문화전자대전, 한국학중앙연구원 21쪽, 55쪽, 152쪽

ⓒGetty Images Korea (IM3_026) 265쪽

대한민국 도슨트

제주 동쪽

구좌읍·남원읍·성산읍·우도면·조천읍·표선면

1판 1쇄 발행 2021년 6월 10일
1판 2쇄 발행 2022년 10월 1일

지은이 한진오
펴낸이 김영곤
펴낸곳 ㈜북이십일 21세기북스

책임편집 박정효 정민철
문학팀 김지연 임정우 원보람
디자인 02정보디자인연구소
일러스트 최광렬
사진 한진오 스튜디오 다홍
출판마케팅영업본부장 민안기
마케팅2팀 나은경 정유진 박보미 백다희
출판영업팀 최명열
제작팀 이영민 권경민

출판등록 2000년 5월 6일 제406-2003-061호
주소 (10881) 경기도 파주시 회동길 201(문발동)
대표전화 031-955-2100 팩스 031-955-2177 이메일 book21@book21.co.kr

(주)북이십일 경계를 허무는 콘텐츠 리더

대한민국 도슨트 채널에서 도서 정보와 다양한 영상자료, 이벤트를 만나보세요!
포스트 post.naver.com/travelstudy21
인스타그램 www.instagram.com/k_docent

ⓒ한진오, 2021

ISBN 978-89-509-9530-0 04900
        978-89-509-8258-4 04900 (세트)